Argentina colonial: la historia de la colonización argentina y la lucha por la independencia

Por Charles River Editors
Traducido por Areaní Moros

Fotografía de las ruinas de un fuerte inca

Introducción

Representación del descubrimiento del Río de la Plata por parte de Juan Díaz de Solís

"Es una doctrina cuyo objeto es la felicidad del hombre en la sociedad humana, mediante el equilibrio de las fuerzas materiales y espirituales, individuales y colectivas". –Raúl Mendé, *Justicialismo: La doctrina y realidad peronistas*

Para cuando Cristóbal Colón comenzó su viaje al Este desde el Nuevo Mundo, había explorado San Salvador en las Bahamas (que él pensó era Japón), Cuba (que pensó era China) y La Española, la fuente del oro. Según cuenta la historia común, en su ruta de regreso a España tras su primer viaje, Colón hizo una visita de cortesía en Lisboa, para informar al rey portugués Juan II acerca de su descubrimiento del Nuevo Mundo. El rey Juan procedió a protestar que, de acuerdo al Tratado de Alcáçovas de 1479, que dividía el Océano Atlántico entre las esferas de influencia española y portuguesa, las tierras recién descubiertas le pertenecían por derecho a Portugal. Para dejar en claro este punto, una flota portuguesa fue autorizada y enviada al oeste desde el río Tajo para reclamar las "Indias", lo que provocó un torbellino de actividad diplomática en la corte de Isabel y Fernando. En ese momento España carecía del poder naval para impedir que Portugal actuara sobre esta amenaza, y el resultado fue el enormemente influyente Tratado de Tordesillas de 1494.

El Tratado de Tordesillas fue uno de los documentos más importantes de su tipo de esa época, pues establecía los parámetros esenciales de los dos imperios pugnantes, los primeros de las principales entidades imperiales europeas. El Tratado trazó una línea imaginaria de polo a polo, que corría a 100 leguas al oeste de las islas más occidentales de las Azores. De acuerdo con los términos de una bula papal de apoyo, todas las tierras al oeste de dicha línea pertenecían a España, y todas las del este pertenecían a Portugal. Lo que esto significó en términos prácticos fue que a Portugal le correspondieron África y el Océano Índico, mientras que España recibió todas las tierras al oeste, incluidas las américas y el Caribe, conocido todo colectivamente como las "Indias", o el Nuevo Mundo.

Sin embargo, el Tratado de Tordesillas contenía una anomalía. Quienes lo redactaron desconocían en ese momento que la línea del tratado atravesaba la cresta más occidental de América del Sur, más o menos desde la desembocadura del Amazonas hasta Porto Alegre, ambos en el actual Brasil, lo que significaba que todo aquello al este de dicha línea le pertenecía a Portugal. Este hecho solo fue revelado en el año 1500, gracias a una expedición del marinero portugués Pedro Álvares Cabral. De camino hacia la India, su expedición navegó en un arco amplio en el Atlántico medio en busca de los vientos alisios, e inesperadamente llegó frente a la costa del continente suramericano. Poco podían hacer los españoles al respecto, y como consecuencia, se estableció la vasta colonia portuguesa de Brasil en una región nominalmente reclamada por España.

Quizás inevitablemente, se había desarrollado una rivalidad regional cuando los portugueses comenzaron a establecer una colonia en Brasil y a expandir sus fronteras hacia el sur. Tras la conquista de los incas en la década de 1530, la amenaza portuguesa motivó la autorización de una segunda expedición, esta vez bajo el mando de Pedro de Mendoza y con una fuerza de 1.500 hombres aproximadamente. El grupo llegó a la desembocadura del Río de la Plata en 1536, y allí fundó Mendoza el asentamiento de "Nuestra Señora Santa María del Buen Ayre" [sic]. Esta fue la base de la futura ciudad de Buenos Aires, pero su establecimiento no estuvo exento de la resistencia de las tribus circundantes, que marcó el tipo de conflictos que darían forma a la historia y los movimientos de independencia de Argentina durante los siguientes 300 años.

Hasta la década de 1930, el nacionalismo siempre había tendido a ser un fenómeno de la derecha o de los anarquistas o bolcheviques inmigrantes. Ahora, sin embargo, el énfasis pasó al terreno medio, e irónicamente, una de las cuestiones que impulsaron el nacionalismo argentino fue la excesiva presencia británica en los asuntos argentinos, avivada recientemente por el acuerdo comercial preferencial. Tal vez lo más importante, la toma y apropiación de las Islas Malvinas por parte de los británicos en 1833 –o las *Falkland Islands*, como ellos las denominaron–, seguía siendo un punto delicado.

Esta oleada de nacionalismo cultural fue muy diferente al nacionalismo político, más visceral, que le precedió, y amasó un número considerable de seguidores en Buenos Aires entre los intelectuales liberales y la clase media. El movimiento cobró más ímpetu con el estallido de la Segunda Guerra Mundial y el congelamiento de los mercados europeos, junto con el énfasis británico en la preferencia imperial como medio para ahorrar moneda extranjera. Comenzaron a oírse llamados a nacionalizar la industria, a la manufactura en el país de bienes que ya no se importaban, y por un mayor grado de proteccionismo y autosuficiencia. Al mismo tiempo, la neutralidad de Argentina durante la guerra fue castigada por los Estados Unidos, que excluyeron a la nación de un programa de armamento para varios países de América Latina. Esto golpeó a las fuerzas armadas argentinas con un ataque de nervios por si se quedaban atrasados en materia de preparación militar.

Argentina colonial: la historia de la colonización argentina y la lucha por la independencia

Sobre Charles River Editors

Introducción

Antes de los europeos

La llegada de los europeos

Competición imperial

Independencia

Comienzos del siglo XX

Recursos en línea

Lecturas recomendadas

Libros gratuitos por Charles River Editors

Libros en descuento por Charles River Editors

Antes de los europeos

Los primeros asentamientos humanos comenzaron a aparecer en lo que hoy es Argentina en algún momento entre el 15000 a. e. c. y el 10000 a. e. c., en común con la mayoría de las regiones habitadas de América del Sur. Sin embargo, no fue hasta después del 5000 a. e. c. que las huellas de las primeras comunidades agrícolas y pastorales comenzaron a emerger en el paisaje. Las regiones de asentamiento más concentradas se encontraban en el noreste y el noroeste, a lo largo de las fronteras con los modernos Bolivia, Paraguay y Brasil, donde las condiciones eran (y todavía son) generalmente más lluviosas y más productivas que en el sur, más seco.

Sin embargo, en todo el territorio de lo que se convertiría en Argentina, los niveles de población nunca alcanzaron las mismas concentraciones que en el norte y en Mesoamérica, y ciertamente no los niveles de sofisticación encontrados entre las razas filiales de los incas y aztecas. Como resultado, el registro arqueológico es escaso, y los asentamientos más recientes, que datan de unos mil años antes del asentamiento europeo, han tendido a producir la información arqueológica más concentrada.

Arte en la Cueva de las Manos, que data de hace 9.000-13.000 años

Para entonces, en la región conocida como La Mesopotamia, o Región Mesopotámica, que se encuentra al noreste de la Argentina moderna, un grupo lingüístico ampliamente disperso conocido como los guaraníes (tupí-guaraní) estableció un sistema de asentamientos semisedentarios basados en la práctica de la agricultura de tala y quema. Una vez que se completaba el proceso y se agotaba la tierra, las comunidades se marchaban para reasentarse en otro lugar.

Poco se conoce de los guaraníes, aparte de que existían en grupos familiares pequeños sin un mandato o gobierno centralizado, y en un ambiente político generalmente pacífico. Sin necesidad aparente de una federación fuerte o un liderazgo poderoso, su huella física sobre el paisaje fue menor, pero para cuando llegaron los europeos, la lengua guaraní se hablaba en una amplia región que abarcaba Argentina, Paraguay y Brasil. Estaba más concentrada en los valles fluviales cultivables del río Paraná, hasta su confluencia con el Río de la Plata.[1]

Entre el 500 y el 800 a. e. c., aproximadamente, los guaraníes y varios otros grupos relacionados formaron una red asentada de comunidades y aldeas que se extendían desde las tierras altas andinas hasta las planicies y valles subandinos. Esta red solapaba la región de Chaco en Argentina y la ciudad de Córdoba, que se encuentra en el centro geográfico del país.

Poco antes de que Colón zarpara hacia el Nuevo Mundo, la geopolítica en la región cambió drásticamente. En 1438, el Imperio inca continuó expandiendo su esfera de influencia bajo el liderazgo de Pachacútec [o Pachacúti] Inca Yupanqui, quien tras su inicial conquista (o posiblemente reconquista) de los chanca, colocó a los guerreros incas bajo el mando de su hermano, Capac Yupanqui. La siguiente gran expansión del Imperio inca tuvo lugar bajo Túpac Inca Yupanqui. Como príncipe comandante extendió el Imperio Inca hacia el norte hasta el Ecuador moderno, donde reconstruyó la ciudad de Quito. Después de ascender al trono aproximadamente en 1471, según un comentarista español navegó hacia algunas islas del Pacífico, que pudieran haber sido las Galápagos y la Isla de Pascua, y finalmente regresó a Cuzco con personas negras, oro y una silla de bronce. Puede que este sea un viaje completamente mítico, pero está claro que Túpac Inca Yupanqui tuvo éxito empujando las fronteras del imperio al norte hacia Ecuador y al sur hacia Chile.

El hijo de Túpac Inca Yupanqui fue Huyana Capac, quien expandió el Imperio incaico hasta Argentina y más allá, a Chile. El Imperio estaba ahora en su máxima extensión, y abarcaba grandes porciones de tierra en los actuales Bolivia, Colombia, Perú, Chile y Argentina. Se piensa que Huyana Capac murió de viruela, que para entonces ya se estaba propagando rápidamente desde la Centroamérica dominada por los españoles. Fueron los hijos de Huyana Capac, Huáscar y Atahualpa, quienes se enfrentaron entre sí en una guerra civil justo antes de la llegada de los españoles.

---

[1] El río Paraná es un afluente del Río de la Plata que divide Argentina y Uruguay.

Los incas se referían a su propio imperio como *Tahuantinsuyo*, que significaba "cuatro partes juntas" en su idioma. Esto se debe a que el Imperio inca estaba administrado como cuatro departamentos provinciales, conocidos como *suyos*: Chinchaysuyo (norte), Antisuyo (este), Collasuyo (sur) y Contisuyo (oeste). Estas cuatro regiones estaban conectadas al Cuzco por caminos por los que podían transitar rápidamente mensajeros corriendo para llevar información de la corte del gobernante a los gobernadores provinciales y viceversa. Los caminos también permitían el movimiento rápido de guerreros a cualquier parte del imperio donde se les necesitara, y tenía espacio suficiente para que los grandes grupos de quienes prestaban *mit'a,* o mano de obra, pudieran dirigirse a las obras de construcción, que fueron especialmente numerosas en los últimos años del Imperio.

La extensión del sistema de caminos inca es evidencia de su importancia en la economía y administración del Imperio. La columna vertebral del sistema de comunicación era la "red vial del Tahuantinsuyo", en quechua *Qhapaq Ňan* o *Inka naani* ("Camino del Inca"), que recorría casi 6.000 km a lo largo de los Andes y conectaba Santiago con Quito. Muchos otros caminos permitían el tránsito rápido por el territorio –a menudo muy montañoso– del Imperio, que abarcaba una gran parte del oeste de Suramérica, desde el sur de Ecuador y Colombia y el oeste de Bolivia hasta el noroeste de Argentina y el centro de Chile. Se estima que la red de caminos inca en su extensión total superaba por mucho los 30.000 km. Dicho esto, el uso de la palabra "camino" y no "carretera", a pesar de que muchos de ellos eran calzadas pavimentadas con bloques de piedra o lajas, se debe a que los incas no tenían vehículos de rueda ni animales de carga. Dado que siempre se movilizaban a pie, ciertos tramos de la vía podrían describirse más adecuadamente como sendas angostas.

Se estima que la población que conectaba el sistema de caminos era de entre 4 y 37 millones de personas. Se presume que muchos de los *quipus*[2] que se han conservado hasta el presente son registros censales, pero en ausencia de una clave para descifrar el código, no es posible conocer con ningún grado de certeza la población real del Imperio inca.

Los incas desarrollaron un sistema sofisticado de administración imperial, que todavía no se comprende del todo. En los territorios conquistados, aparentemente usaban a los jefes de las principales familias como administradores. Estos jefes eran llamados *curaca* bajo el dominio inca, y el cargo era hereditario. Al mismo tiempo, estos administradores locales no debían llamarse a sí mismos "incas", y eran mantenidos claramente en una posición subordinada a las élites de Cuzco. Los curacas eran responsables de asegurar que el tributo apropiado se remitiera al emperador inca, principalmente en forma de *mit'a*, o trabajo. Para asegurar que la autoridad imperial permaneciera consistente, los hijos de los curacas eran enviados al Cuzco para aprender los sistemas administrativos incas.

---

[2] Instrumentos de registro de información que consistían en cuerdas de lana o algodón de diversos colores y con determinada cantidad de nudos.

Poco se conoce acerca el sistema de derecho inca y su aplicación sobre los territorios conquistados. Presumiblemente, había tribunales locales que hacían cumplir los edictos del Cuzco y se aseguraban de que los excedentes de producto agrícola se almacenaran y remitieran a la élite cuando así lo exigieran.

Cuando Argentina fue integrada al Imperio por los incas, habían dado a la región el exónimo colectivo de "Diaguita" y sus habitantes eran conocidos entonces como los diaguitas, una confederación dispersa y políticamente fracturada de lenguas aliadas que existía en los márgenes exteriores del control y la lengua inca. Los diaguitas son descritos como un "grupo de pueblos indígenas suramericanos nativos del Norte Chico chileno y el noroeste argentino".[3]

La historia arqueológica de los diaguitas es un poco escasa, pero los historiadores saben que la región fue hogar de un sofisticado grupo lingüístico que ocupó los valles transversales del árido norte de Argentina y Chile. Los primeros exploradores y misioneros jesuitas que estuvieron activos en la región documentaron una amplia diversidad de idiomas y estilos de vida, repartidos en una gran área. Las ruinas esparcidas por toda la región sugieren que fue hogar de una sociedad que habría sido atractiva para los incas por su riqueza mineral.

Más al sur, en la región de Cuyo en Argentina (hoy en día los distritos de producción vinícola que rodean la capital regional de Mendoza), se encuentra la tierra natal del pueblo *huarpe*. Este grupo tenía una perspectiva más simple y un estilo de vida pastoril; cultivaban maíz, calabaza, frijoles y quinua, y mantenían pequeños rebaños de llamas. No cayeron directamente bajo el control de los incas, pero sí estuvieron vinculados cultural y económicamente a grupos del norte mediante el comercio y el pastoreo nómada.

Aún más al sur, en las regiones más secas del territorio, los asentamientos humanos tendieron a ser más ampliamente dispersos, con nombres como charrúas, querandíes y serranos. Al otro lado de las llanuras centrales estaban los pampas, de cuyo nombre se derivó el de La Pampa[4]. Y todavía más al sur, al sur del río Negro en las tierras salvajes de la Patagonia, vivía el enigmático pueblo aonikenk, o tehuelche.

Algo que ha fascinado a los estudiosos es que los primeros europeos en visitar la Patagonia reportaron la existencia de una tribu de gigantes, los "patagones", lo que provocó debates a lo largo de los siglos. Según los hallazgos arqueológicos, la historia de los tehuelches en la región se remonta 14.500 años, lo que los ubica entre sus primeros habitantes humanos. Con una existencia típica de cazadores-recolectores, superaban en estatura a la mayoría de los europeos de la época, lo que probablemente explica por qué los primeros colonos afirmaban que había gigantes acechando en las cosas de la Patagonia.

---

[3] Wikipedia

[4] "La Pampa", o región pampeana, describe una región de tierras bajas fértiles que cubre más de 750.000 km cuadrados, e incluye las provincias argentinas de Buenos Aires, La Pampa, Santa Fe, Entre Ríos y Córdoba. La región también cubre la totalidad de Uruguay y los estados más australes de Brasil.

Aunque eran lingüística y culturalmente distintos entre sí, los grupos o regiones de estos pueblos se superponían con frecuencia y compartían similitudes de lenguaje y cultura, si bien no siempre de estilo de vida. El estudio arqueológico de los grupos indígenas continúa, y el fragmentado registro arqueológico se actualiza gradualmente, pero a pesar de ello, la historia precolombina de Argentina sigue estando muy pobremente documentada y no ha llegado a entenderse completamente.

La llegada de los europeos

Naturalmente, la llegada en 1492 de Cristóbal Colón a las islas de las Bahamas desencadenó la primera de las grandes permutaciones que remodelarían Suramérica y Mesoamérica para siempre. Aunque era italiano, Colón navegó como agente de los reyes católicos de España, Fernando e Isabel, y "descubrió" el Nuevo Mundo en nombre de los reinos de Aragón y Castilla.

El diario de Colón y su primera carta a su financiero, Luis de Santángel, que son los primeros relatos del "descubrimiento", proyectan una confianza y optimismo políticamente oportunos, pues no quería perder su contrato con Fernando e Isabel, pero Colón probablemente estaba muy confundido con lo que encontró. La gente y su estilo de vida chocaban con lo que él esperaba, y la disposición de las muchas islas pequeñas que encontró era difícil de reconciliar con los mapas de la costa de Asia oriental que tan ávidamente había estudiado. Su objetivo más importante era alcanzar tierra firme, pues era allí donde encontraría los grandes imperios comerciales cuya riqueza deseaba aprovechar. Por lo tanto, las primeras relaciones que escribió contienen una serie de estrategias de interpretación que intentaban encajar en su marco preconcebido lo que había encontrado.

En primer lugar, intentó cartografiar los territorios que encontró en el Caribe, por improbable que fuera, sobre la geografía asiática como él la entendía. Las islas del norte de las Bahamas, imaginó, podían ser parte del imperio insular de Cipango (Japón); la larga costa de Cuba, a donde llegó luego con rumbo suroeste, debía ser parte de China. En segundo lugar, en su reiterado énfasis en la gentileza y tranquilidad de los nativos, también insistió en su estatus como "esclavos naturales", una categoría intelectual utilizada en el mundo antiguo para justificar la esclavitud.

Más específicamente, concluyó, debían encontrarse entre los pueblos de los que el Gran Kan extrajo sus muchos esclavos; al mismo tiempo, preparó el escenario para la colonización basada en la esclavitud que pronto se apoderaría de las islas del Caribe y, en unas pocas décadas, aniquilaría por completo a su población indígena. En efecto, Colón dio comienzo a esta tendencia al básicamente secuestrar a seis nativos guaraníes, en sus propias palabras "para que aprendan a hablar", es decir, se convirtieran en intérpretes para la expedición.

Por razones que no están completamente claras, Colón decidió en este punto proceder con gran premura hacia España, como lo anunciara en su diario el 8 de enero de 1493. Dado que creía que definitivamente se había acercado a una fuente de gran riqueza, quizás haya deseado regresar con refuerzos en caso de hostilidades. Después de todo, Colón creía que los grandes ejércitos del Kan podrían encontrarse cerca. Además, tal vez haya querido dar seguridad de su éxito a la Corona española, y garantizar su parte de la riqueza que ahora se sentía seguro de poder extraer de las tierras que había encontrado. Por otro lado, la tripulación había pasado hasta entonces más de cinco meses en el mar y tres meses explorando sin ningún percance mayor, motines ni encuentros hostiles con los nativos.

Todo esto, sin embargo, estaba a punto de cambiar, pues el 13 de enero de 1493 ese primer idilio de encuentros amistosos con los generosos "indios" llegaría a un abrupto final en el extremo oriental de La Española, en lo que ahora es la República Dominicana. Los españoles, como era su hábito, habían desembarcado en la costa para hacer trueques con un grupo de nativos, pero el intercambio no salió como planeado, y una falla en la comunicación condujo a un estallido de hostilidades en las que resultaron heridos dos nativos. Posteriormente, Colón teorizó que había dos grupos diferentes de nativos: los pacíficos taínos a quienes había conocido primero, y los hostiles y violentos caribes, de quienes afirmó que otros nativos le habían dicho que eran devoradores de hombres, o "caníbales" (el término, acuñado en el diario de Colón, proviene de el mismo lexema indígena incierto que "caribe").

Para cuando Colón partió hacia el este desde el Nuevo Mundo, había explorado San Salvador en las Bahamas (que pensó era Japón), Cuba (que pensó era China) y La Española, la fuente del oro. Según cuenta la historia común, mientras Colón se dirigía de regreso a España luego de su primer viaje, hizo parada en Lisboa como una cortesía para informar al rey portugués Juan II de su descubrimiento del Nuevo Mundo. El rey Juan procedió a protestar que, de acuerdo al Tratado de Alcáçovas de 1479, que dividía el Océano Atlántico entre las esferas de influencia española y portuguesa, las tierras recién descubiertas le pertenecían por derecho a Portugal. Para dejar en claro este punto, se autorizó y envió una flota portuguesa al oeste desde el río Tajo para reclamar las "Indias", lo que provocó un torbellino de actividad diplomática en la corte de Isabel y Fernando. En ese momento España carecía del poder naval para impedir que Portugal actuara sobre esta amenaza, y el resultado fue el enormemente influyente Tratado de Tordesillas de 1494.

El Tratado de Tordesillas fue uno de los documentos más importantes de su tipo de esa época, pues establecía los parámetros esenciales de los dos imperios en pugna, las primeras de las principales entidades imperiales europeas. El Tratado trazó una línea imaginaria de polo a polo, que corría a 100 leguas al oeste de las islas más occidentales de las Azores. De acuerdo con los términos de una bula papal de apoyo, todas las tierras al oeste de dicha línea pertenecían a España, y todas las del este pertenecían a Portugal. Lo que esto significó en términos prácticos fue que a Portugal le correspondieron África y el Océano Índico, mientras que España recibió todas las tierras al oeste, incluidas las américas y el Caribe, conocido todo colectivamente como las "Indias", o el Nuevo Mundo.

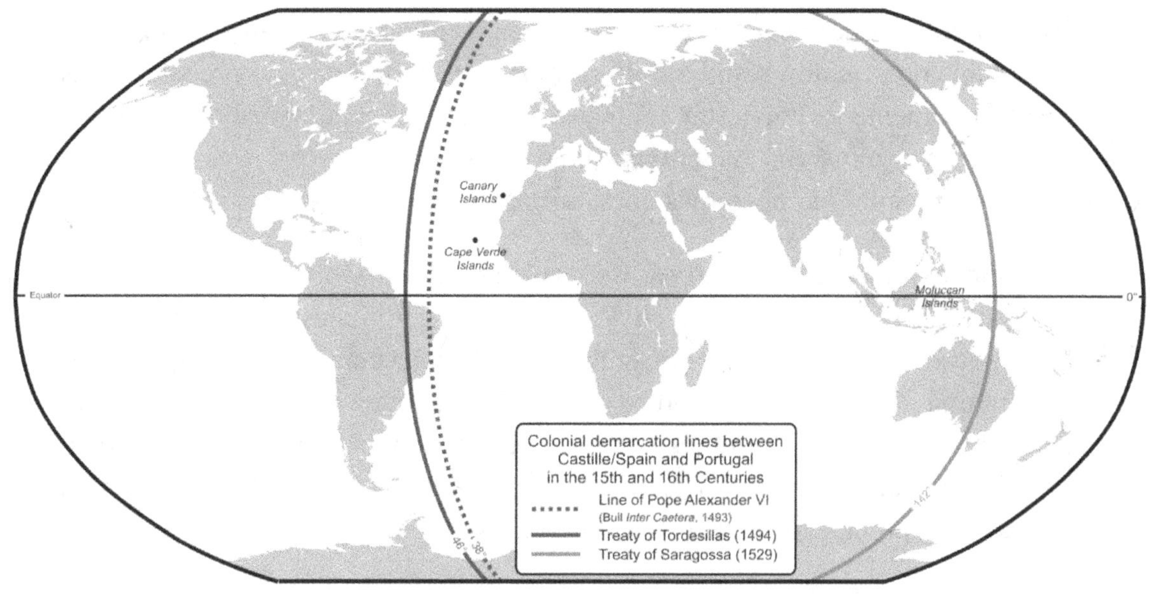

Mapa que representa la línea trazada por el Tratado de Tordesillas

Sin embargo, el Tratado de Tordesillas contenía una anomalía. Quienes lo redactaron desconocían en ese momento que la línea del tratado atravesaba la cresta más occidental de América del Sur, más o menos desde la desembocadura del Amazonas hasta Porto Alegre, ambos en el actual Brasil, lo que significaba que todo aquello al este de dicha línea le pertenecía a Portugal. Este hecho solo fue revelado en 1500, gracias a una expedición del marinero portugués Pedro Álvares Cabral. De camino hacia la India, su expedición navegó en un arco amplio en el Atlántico medio en busca de los vientos alisios, e inesperadamente llegó frente a la costa del continente suramericano. Poco podían hacer los españoles al respecto, y como consecuencia, se estableció la vasta colonia portuguesa de Brasil en una región nominalmente reclamada por España.

Mientras tanto, la rápida expansión de la influencia española en todo el Caribe y el continente comenzó casi inmediatamente después de que Colón tocara tierra. Una vez conseguidos su aparente éxito y la aprobación de la corona española, Colón logró reunir una flota mucho más grande para su segundo viaje a través del Atlántico, que comenzó el 25 de septiembre de 1493. Su fuerza expedicionaria ahora consistía en diecisiete navíos, incluida la *Niña*, pero no los otros dos barcos de su viaje anterior. Está claro por el número de hombres y la cantidad de suministros transportados, que Colón tenía ahora la intención de establecer asentamientos más permanentes y allanar el camino para el establecimiento de colonias a gran escala. También llevó consigo un contingente de frailes, a quienes se encomendaría la evangelización de los indígenas.

Cuando regresaron a La Española el 28 de noviembre de 1493, Colón descubrió que los nativos de las islas no eran tan pasivos y acomodaticios como había imaginado inicialmente. Los 39 hombres que había dejado guarneciendo La Navidad, el primer asentamiento europeo en las américas desde la colonia nórdica de Leif Ericsson en Terranova, habían sido eliminados. Los hombres, presumiblemente como resultado de su rapaz deseo de oro y su probable abuso de las mujeres locales, finalmente se volvieron visitantes indeseables para las tribus cercanas, quienes probablemente los exterminaron. La colonización consensuada y pacífica que Colón había prometido emprender había sido poco más que una breve ilusión.

El afán por difundir el cristianismo, en particular el catolicismo, formaba parte de la obligación real hacia el papado que estaba escrita en los estatutos informales de todas las monarquías europeas de la época. Tanto la conquista musulmana de Europa como la Reconquista tendieron a añadirle urgencia a la necesidad de difundir la fe verdadera antes de que pudiera ser adulterada por judíos, musulmanes y, luego, protestantes. En ese tiempo, durante el dominio del Sacro Imperio Romano, los papas ostentaban tanto poder como los reyes, y el entrelazamiento de la Iglesia y el Estado era, en muchos aspectos, absoluto.

Al mismo tiempo, España comandaba un imperio mercantil en rápida expansión, por lo que, si bien la mayoría de estos primeros viajes de exploración fueron autorizados y patrocinados públicamente, también los hubo organizados de manera privada y dirigidos por aventureros individuales, llamados "adelantados", que actuaban libremente bajo contrato con la Corona. Un elemento esencial de estas expediciones era, por supuesto, la mano de obra y los recursos locales, por lo que los primeros exploradores optaron por confinar su interés a las regiones bien pobladas. No estaban interesados en la exploración geográfica en sí misma, sino en la evangelización y el saqueo, lo que significó que las regiones principales de los imperios precolombinos y sus ciudades capitales se convirtieron en los objetivos del Imperio español en el Nuevo Mundo.

En el transcurso de una generación, aproximadamente, los conquistadores liderados por Hernán Cortés y Francisco Pizarro someterían a los aztecas e incas. El Imperio inca puede haber consistido en cuatro partes, pero la unidad era bastante frágil, ya que el imperio sólo había existido como tal durante aproximadamente un siglo cuando llegó Pizarro. Reunidos por una combinación de conquistas militares y tomas de poder pacíficas que implicaron matrimonios entre las diferentes realezas, los diversos territorios bajo el dominio inca, aunque permanecieron relativamente autónomos política y culturalmente, se mantuvieron unidos mediante una combinación de tributo, comercio y administración centralizada.

Aun así, los primeros españoles que vieron Perú comentaron sobre lo ordenado que era su sistema de gobierno y la impresionante productividad de su agricultura, que producía excedentes de granos que eran almacenados en una red de depósitos y distribuidos durante los años de sequía. Con algunos grupos conquistados más recalcitrantes, los gobernantes habían implementado reasentamientos forzosos y esclavitud práctica, pero en su mayor parte, el dominio inca había sido pacífico y próspero durante algún tiempo. La guerra civil entre Huáscar y

Atahualpa había dado paso a un periodo desorientador de caos político y lealtades conflictivas que inicialmente serían explotadas, y luego seriamente exacerbadas por los recién llegados españoles.

Francisco Pizarro

Pizarro y su grupo de conquistadores salieron hacia Perú desde Panamá en diciembre de 1530, y luego de meses de reunir la información de inteligencia más reciente, Pizarro determinó que Atahualpa había ganado una ventaja decisiva en el conflicto y que sus tropas habían capturado a Huáscar en la capital del Cuzco. Tras haber tenido su base en el norte, Atahualpa ahora marchaba al sur con un gran ejército, hacia Cuzco. Pizarro, con menos de 200 hombres, decidió ir a por todas contra una fuerza muy superior, con la esperanza de asestar un golpe dramático contra los incas. Inspirado probablemente por la estrategia de Cortés en México, que implicó la captura de Moctezuma para pedir un rescate, tramó el plan de conducir a Atahualpa a una trampa y tomarlo como rehén. Los planes para la trampa probablemente también fueron tomados de Cortés y su lugarteniente, Pedro de Alvarado, quienes primero en la ciudad de Cholula y luego en la capital azteca de Tenochtitlán lograron emboscar a miles de nobles y guerreros indígenas arrinconándolos en espacios reducidos y atacándolos por sorpresa.

La empresa era una apuesta enorme, basada enteramente en la traición y la violencia no provocada, e incluso si tenía éxito, no había garantía de que condujera a la victoria final. Aun cuando Almagro podría aparecerse con una fuerza mayor de varios cientos de hombres, Atahualpa tenía quizás hasta 10.000 en su séquito inmediato y estaba apoyado por varios ejércitos de más de 30.000 hombres en total. El terreno era montañoso, de clima variable, y completamente desconocido para los españoles. Tenían pocas ventajas además de su propia falta de escrúpulos y el hecho de que sus motivos eran completamente desconocidos para sus enemigos.

Después de una dura caminata hacia las alturas de los Andes, Pizarro y sus hombres llegaron a la ciudad de Cajamarca, abandonada casi por completo debido a la guerra civil. A lo largo de su travesía, fueron observados por los espías incas, y dada su vulnerabilidad, sorprende que no fueran emboscados y masacrados por sus adversarios, superiores en número. En cambio, se establecieron en Cajamarca y enviaron mensajeros al campamento cercano donde se estaba quedando Atahualpa en ese momento, y lo persuadieron para que se encontrara con Pizarro y los demás españoles en Cajamarca. Poco se sabe de sus motivos, pero puede asumirse que, sintiéndose confiado tras la victoria sobre su hermano, y poco impresionado por el pequeño grupo desarrapado de soldados extranjeros, sencillamente no se le ocurrió que representaran una seria amenaza para su poder.

Sea cual fuere el caso, cuando llegó a Cajamarca, lo acompañaba una fuerza de unos 6.000 hombres y un gran contingente de nobles. Estos hombres estaban equipados con armas de la Edad de Piedra, como garrotes de madera y lanzas de obsidiana. En la plaza central de Cajamarca, Atahualpa encontró solo a unos pocos españoles, lo que le hizo sentir perfectamente seguro llevar a todo su séquito a la plaza. No podía saber que el centenar de hombres de Pizarro estaban escondidos en algunos de los edificios que rodeaban la plaza, fuertemente armados y listos para atacar.

Lo que ocurrió a continuación ha sido tema de debate entre los historiadores durante algún tiempo, pero los hechos esenciales parecen ser los siguientes. Vicente de Valverde, un sacerdote que acompañaba la expedición de Pizarro, salió a la plaza con el intérprete Felipillo y leyó en voz alta el "Requerimiento", un documento que exigía la sumisión a la autoridad del papa y del rey de España. El incumplimiento de los términos del Requerimiento estaba contemplado, en el aparato legal que el gobierno español había creado para justificar y legitimar la conquista, como motivo suficiente para librar una "guerra justa" contra un pueblo no cristiano.

Habiendo recitado este extraño documento a Atahualpa, Valverde colocó en su mano un documento igualmente extraño: un breviario católico. Atahualpa, por supuesto, no solo no podía leerlo, sino que nunca antes había visto un libro. Desconcertado por el gesto, observó el objeto durante un momento, y luego lo dejó caer al suelo. Valverde declaró a los españoles escondidos que el pagano había rechazado la verdadera fe, lo que les daba carta blanca para un ataque. Una ráfaga de fuego de cañón y de mosquete estalló contra la plaza desde los edificios circundantes, y un contingente de españoles a caballo se abrió paso hasta la asamblea de indígenas, cortándolos con espadas. El objetivo era tomar cautivo al emperador inca, y para ello le cortaron los brazos a la guardia personal que llevaba su litera. El combate se desbordó hacia una llanura circundante, donde aguardaba un ejército inca más grande, pero que no pudo revertir el curso de los eventos. Los que no cayeron ante los españoles esa noche, huyeron de vuelta a su campamento.

Increíblemente, Pizarro y su pequeña fuerza habían logrado capturar al emperador, y en el proceso masacrar a miles de sus soldados. A decir verdad, los incas nunca se recuperarían del impacto y el trauma infligidos por este golpe inicial.

Pizarro y su andrajoso y exhausto ejército de conquistadores llegaron al Cuzco a mediados de noviembre de 1533, casi un año después de la masacre de Cajamarca. Quedaron asombrados por lo que vieron, y Pizarro le informó al rey de España: "Esta ciudad es la más grandiosa y la más hermosa jamás vista en este país o en cualquier lugar de las Indias… Podemos asegurarle a Su Majestad que es tan hermosa y tiene edificios tan magníficos que sería notable incluso en España".

Como era de esperar, a los recién llegados no les tomó mucho tiempo perder toda y cualquier buena voluntad que pudieron haberles prodigado los partidarios de Huáscar, pues inmediatamente se dedicaron a saquear oro y otros objetos de valor, y a tratar a los habitantes con desprecio y brutalidad. En su "Brevísima relación de la destrucción de las Indias", de 1542, fray Bartolomé de Las Casas describió el violento desenfreno de Pizarro en su búsqueda de oro, al escribir, entre otras cosas, que "[Pizarro] creció en crueldades y matanzas y robos, sin fe ni verdad, destruyendo pueblos, apocando, matando las gentes de ellos y siendo causa de tan grandes males que han sucedido en aquellas tierras, que bien somos ciertos que nadie bastará a referirlos y encarecerlos hasta que los veamos y conozcamos claros el día del juicio".

Como evidencia de los crímenes, Las Casas citó una declaración jurada del hermano franciscano Marcos de Niza, quien estuvo presente en la invasión. Entre las muchas atrocidades que escribió, declaró el hermano Marcos: "…afirmo que yo mismo vi ante mis ojos a los españoles cortar manos, narices y orejas a indios e indias sin propósito, sino porque se les antojaba hacerlo, y en tantos lugares y partes que sería largo de contar. Y yo vi que los españoles les echaban perros a los indios para que los hiciesen pedazos, y los vi así aperrear a muy muchos. Asimismo vi yo quemar tantas casas y pueblos que no sabría decir el número, según eran muchos".

Mientras los españoles buscaban grandes ciudades que saquear, las regiones que tenían poblaciones más pequeñas, como aquellas en el centro y sur de Argentina, tendieron a languidecer. De hecho, la primera misión que desembarcó en las costas de Argentina fue una expedición marítima bajo el mando de Juan Díaz de Solís. En octubre de 1515, una flota de tres barcos partió de Sanlúcar de Barrameda, en España, en busca del paso sur hacia el Pacífico, y mientras navegaba frente a la costa del Brasil portugués, la flota encontró la desembocadura del

Río de la Plata. Éste es el amplio estuario formado por la confluencia de los ríos Uruguay y Paraná, que puede ser descrito como un estuario, un golfo o un mar marginal, si bien llamarlo estuario quizá sirva mejor al propósito. Ofrecía un puerto ideal, y mientras navegaba hacia él en 1516, Juan Díaz de Solís encontró las desembocaduras de los ríos Uruguay y Paraná. El primer uso del término "Argentina" data de esta expedición, cuando de Solís describió el "río de argento", o "Río de la Plata".

De Solís no podría disfrutar por mucho tiempo de su descubrimiento, si es que lo tenía en alta estima. Según los informes, la avanzadilla, que incluía a De Solís, fue atacada por un grupo de charrúas o guaraníes, asesinada y devorada. Los alegatos de canibalismo han sido cuestionados en años recientes, pues no parece haber existido ninguna tradición de canibalismo entre los pueblos de la cuenca del Río de la Plata, pero de cualquier manera, después de que De Solís fue asesinado, su cuñado, Francisco de Torres, se hizo cargo de los barcos y condujo la expedición de regreso a España.

Competición imperial

Quizás inevitablemente, se había desarrollado una rivalidad cuando los portugueses comenzaron a establecer una colonia en Brasil y a expandir sus fronteras hacia el sur. Tras la conquista de los incas en la década de 1530, la amenaza portuguesa motivó la autorización de una segunda expedición, esta vez comandada por Pedro de Mendoza con una fuerza de 1.500 hombres aproximadamente. El grupo llegó a la desembocadura del Río de La Plata en 1536, y allí Mendoza fundó el asentamiento de "Nuestra Señora Santa María del Buen Ayre" [sic]. Esta fue la base de la futura ciudad de Buenos Aires, pero su establecimiento no estuvo exento de resistencia de las tribus circundantes.

Los miembros del pueblo querandí, que ya estaban familiarizados con los métodos y tácticas de guerra de los españoles por sus anteriores encuentros entre los incas, respondieron con violencia, y en 1537, un año después de su fundación, Mendoza ordenó que se abandonara el asentamiento. Algunos sobrevivientes rompieron filas y buscaron socorro entre los guaraníes río arriba, a orillas del río Paraná. Estos primeros pobladores se asimilaron con bastante facilidad entre los guaraníes y fundaron el asentamiento de Asunción, que después se convertiría en la ciudad capital del Paraguay.

Monumento a Mendoza en Buenos Aires
Imagen de Usario Barcex

A partir de entonces, la desembocadura del Río de la Plata cayó en desgracia como base para exploraciones más profundas hacia la vasta región centro-sur de Suramérica. Los viajes de exploración y asentamiento que se organizaron en los años siguientes tendieron a originarse de bases en los Andes centrales. Grupos de triunfantes conquistadores españoles se desplazaron al sur desde los puntos fuertes del antiguo Imperio inca, o al este a través de los Andes desde Chile, y fundaron una serie de asentamientos que surgirían como algunas de las ciudades más antiguas de Argentina. Santiago del Estero, por ejemplo, en el norte de Argentina, fue fundada en 1553, mientras que la ciudad céntrica de Mendoza se estableció en 1561; San Juan en 1562; San Miguel de Tucumán en 1565; Córdoba en 1573; Salta en 1582; La Rioja en 1591; y San Luis en 1595. Todas estas ciudades fueron fundadas por movimientos hacia el sur, no por movimientos tierra adentro desde la costa atlántica.

Para finales del siglo XVI, la ciudad de Asunción se había convertido en un asentamiento permanente. Los primeros españoles que llegaron a Paraguay, los refugiados de la expedición de

Mendoza, fueron tratados bien por los guaraníes locales, les concedieron tierras, comida y obsequios. Al integrarse y asimilarse, estos primeros españoles y sus descendientes emergieron como miembros del liderazgo y la élite, difundiendo el catolicismo y comenzando el desarrollo de una de las culturas agregadas únicas de la América española. El nombre asociado con esta nueva élite fue "criollo", que se refería a una élite nacida localmente, pero no de origen nativo, conocida como la "élite criolla".

El descubrimiento de plata en el Perú tendió a desviar la atención de los españoles al norte, pero Asunción y la amplia extensión de comunidades asociadas con ella quedaron bajo el control directo español. Como una extensión indirecta del dominio español, se introdujo la práctica de la "encomienda" como un sistema de patrocinio local mediante el cual los colonos españoles obtenían feudos sobre ciertas regiones y las poblaciones sometidas en ellas. De acuerdo con las regulaciones generales por las que podía actuar un "encomendero", este era responsable del bienestar y la protección de las comunidades que se le otorgaban. En teoría, a cambio de asumir la responsabilidad de la conversión religiosa y la formación de los indígenas, al encomendero se le concedía el derecho de utilizar el trabajo de la comunidad para su propio beneficio.

La teoría que sustentaba el sistema de encomiendas era relativamente benigna entre las prácticas españolas de colonización, pero el potencial para el abuso resulta bastante obvio, y finalmente, el sistema llegó a ser considerado como una forma de facto de esclavitud, de la cual, en muchos casos, era indistinguible. A pesar de la cordialidad de los primeros encuentros, los indígenas bajo las encomiendas sufrieron una brutal explotación a manos de la élite criolla, y las enfermedades llevadas por los extranjeros comenzaron a hacer estragos en poblaciones que no tenían inmunidad. Las poblaciones en la región se redujeron de forma tan vertiginosa que, para finales del siglo XVI, el sistema de encomiendas había colapsado en buena parte de Argentina. Dicho esto, en Paraguay, y en Asunción y sus alrededores, que fueron aislados por España, el sistema continuó, y en lugares donde había abundantes recursos naturales y relaciones bien establecidas, el sistema sobrevivió durante generaciones en una forma mutuamente beneficiosa.

El colapso del sistema de encomiendas se atribuyó en gran parte a la destrucción de la población indígena, pero las autoridades en Lima también se mostraron renuentes a considerar apelaciones de que la encomienda debía ser transmisible o heredable. Sin embargo, en ausencia de reservas viables de mano de obra, las élites españolas comenzaron a buscar alternativas, y para ese entonces el fenómeno de la trata transatlántica de esclavos comenzó a cobrar impulso. Se compraron esclavos indígenas, o *yanakuna*, pero sus números eran insuficientes y muchos indígenas simplemente no se adaptaban al trabajo forzado.

Para 1580, los primeros esclavos negros de África estaban comenzando a aparecer en Argentina, procedentes inicialmente de traficantes en Brasil. Nunca se importó un volumen de esclavos a Argentina como el que podía encontrarse comúnmente en Brasil y el Caribe, pero a medida que la agricultura y la minería comenzaron a arraigarse, se llevaron allí más esclavos. El algodón se probó como cultivo experimental en Tucumán y Salta y sus alrededores, lo que también requirió de esclavos, pero poco salió de ello, y los esfuerzos mineros aquí y allá también produjeron resultados tempranos decepcionantes. Para cuando terminó el siglo XVII, los asentamientos españoles en el oeste de Argentina habían comenzado a centrarse en la ganadería, más notablemente en la cría de ganado bovino y la producción agrícola para consumo local.

Dada la interrelación de la Iglesia y el Estado en España durante el periodo de colonización de América, se hizo especial énfasis en los esfuerzos de convertir y cristianizar a los nativos, conforme a los términos de una bula papal de 1497 que autorizaba y obligaba a la monarquía española a desplegar y mantener un ejército del clero precisamente con ese fin. Tal empresa se llevó a cabo con más celo en algunos lugares que en otros, y mientras en Nueva España y el Valle de México el esfuerzo religioso fue grande, en las regiones más remotas lo fue menos. El primer obispado se estableció en Asunción en 1547, décadas después del nombramiento de un obispo para la Ciudad de México, aunque el primer obispo no hizo su aparición en la ciudad sino hasta nueve años después, en 1556. La escasez de miembros ordenados del clero, sin embargo, dejó la evangelización de los nativos en manos del clero laico, y en general, el aislamiento de la región tuvo el efecto de limitar la influencia directa de la Iglesia, que nunca logró afianzarse en el sur como lo hizo en Perú y en Nueva España,

Los jesuitas fueron la fuerza misionera principal, y establecieron misiones muy distantes de los principales asentamientos españoles, en un intento por crear comunidades cristianas productivas y autosuficientes, principalmente en las regiones mesoamericanas y en las estribaciones bajas de los Andes. La primera de estas misiones fue establecida en 1609, y durante algún tiempo las empresas avanzaron pacíficamente, pero incursiones de esclavistas de Brasil comenzaron a dispersar a las poblaciones. Para la década de 1630, tales ataques originados en Brasil habían destruido casi por completo esta primera misión.

En respuesta, los jesuitas se armaron y se defendieron, lo que tuvo el irónico efecto de desconectarlos de las autoridades españolas. Una vez fuera del control de los líderes españoles, tanto metropolitanos como locales, comenzaron a actuar como entidades autónomas, evitando tributos e impuestos y al mismo tiempo forjando vínculos comerciales entre sus misiones y asentamientos y el Brasil portugués. Esto a su vez sentó las bases para otras industrias lucrativas, como la producción de tabaco y de vino.

El siglo XVII también dio lugar al comienzo de una decadencia del Imperio español, a pesar del dramático crecimiento de la América española y de los galeones de oro que cruzaban el Atlántico medio. Muchos de estos navíos fueron víctimas de piratas británicos y franceses y, como resultado, menos barcos españoles hacían escala en la costa del Río de la Plata. Se produjo cierto estancamiento social y económico, y para entonces, las poblaciones nativas ya se encontraban en rápido declive. La escasez de mano de obra produjo cambios demográficos que a su vez condujeron a episodios esporádicos de guerras entre los colonos y los nativos. El trabajo esclavo y asalariado ayudaron a cubrir las brechas, pero el siglo XVII fue uno de dislocación, inseguridad e inercia económica. Las misiones jesuitas en La Mesopotamia, autónomas y bien protegidas, aislaron a sus sociedades locales de lo peor del trauma.

Fue durante este periodo que las empresas misioneras jesuitas establecieron un fuerte nicho en la economía en desarrollo, y los hermanos jesuitas se convirtieron en figuras prominentes en el comercio, la sociedad y la educación. Se establecieron escuelas y conventos jesuitas en Córdoba y Buenos Aires, y como confesores y maestros, los jesuitas desarrollaron fuertes conexiones con las élites españolas y criollas de la colonia.

Por su parte, el asentamiento precursor que se convertiría en Buenos Aires había sido fundado nuevamente en 1580. Esto sucedió debido a una serie de expediciones financiadas oficialmente que salieron de Asunción para explorar el Paraná, en respuesta a las expediciones portuguesas que estaban presionando hacia el sur desde la frontera brasilera. Se fundó la ciudad argentina de Santa Fe, y en el lugar del asentamiento original de Mendoza, de Nuestra Señora Santa María del Buen Ayre, se construyó un fuerte importante. Ahora un poco mejor defendido y con los nativos hostiles como cosa del pasado, el asentamiento de Buenos Aires se estableció firmemente. Las fuentes de mano de obra continuaban siendo escasas, por lo que el desarrollo inicial de la ciudad fue lento, pero no tendría que ser abandonada de nuevo.

Para entonces, los caballos y el ganado que había dejado la expedición de Mendoza se habían multiplicado y ahora se contaban por miles. Con excelentes pastos, sin depredadores naturales y con una disminución radical de la población humana, los animales prosperaron. La mano de obra resultó ser un factor limitante a la hora de explotar esto, pero de esa inesperada abundancia natural vino la génesis de la famosa industria bovina argentina. Se producían cueros, sebo y carne, y aunque los españoles se esforzaron por controlar las economías coloniales al imponer que todos los productos se vendieran en los mercados de Lima, estas regulaciones eran relativamente fáciles de eludir. Existían mercados más localmente en las ciudades y asentamientos de la región, así como en el cercano Brasil, que se estaba desarrollando a ritmo acelerado gracias a las plantaciones de azúcar en las costas y a la minería de oro y plata.

Un pujante mercado negro de plata peruana también contribuyó al dinamismo económico de la nueva capital de Argentina, mientras que una pequeña pero influyente comunidad comercial portuguesa se estableció en Buenos Aires y se especializó en la importación de esclavos y artículos de lujo ilegales a cambio de plata ilícita. La industria minera doméstica en Argentina nunca llegó a igualar el comercio ilegal de plata de las minas andinas del sur de Perú, pero se descubrió una cantidad limitada de oro, cobre y plomo, y se formó una modesta industria minera, que tendría un impacto más dramático en esa área en el siglo XIX.

Otro impulso al desarrollo y expansión de Buenos Aires fue la guarnición de tropas imperiales españolas en la ciudad, que le ofrecieron una interesante posición estratégica en un momento en el que el Virreinato del Perú temía el ataque de un ejército extranjero. En un principio, era probable que ese ejército extranjero fuera portugués, pero ahora era igual de probable que fuera británico. A medida que la Corona española tropezaba en su largo periodo de crisis e iba perdiendo el control sobre sus lejanas colonias, los portugueses parecieron comenzar a desarrollar enérgicamente la economía de Brasil, e incluso más enérgicamente a expandirse al sur para establecer la frontera meridional de su influencia.

Un asentamiento portugués fue establecido, provocativamente, al norte del Río de la Plata en la Banda Oriental, o ribera este del río Paraná, como era conocido en ese entonces el territorio indefinido de Uruguay. El asentamiento se conoció como Colonia del Sacramento, y su establecimiento envió un claro mensaje a los españoles, de que los portugueses se estaban embarcando en una expansión activa en la región. Temiendo una incursión portuguesa, y quizás más asaltos armados en busca de esclavos, los jesuitas orquestaron un ataque sobre el asentamiento de Colonia del Sacramento, que lo cerró temporalmente.

A lo largo del siglo XVIII, Buenos Aires creció establemente en estatura e importancia. Los barcos negreros comenzaron a aparecer en mayor número, y se hizo cada vez más común ver esclavos africanos en todas partes. De hecho, la trata de esclavos se convirtió rápidamente en uno de los pilares de la economía de la ciudad. Durante el siglo XVII, los esclavos negros típicamente provenían de Brasil y se compraban a negociantes portugueses, sin que existieran enlaces directos con la costa africana. En 1702, sin embargo, la Corona española firmó un tratado con Inglaterra, que le daba a esta última la exclusividad del suministro de esclavos africanos a las colonias de las américas, lo que abrió a Buenos Aires y muchos otros puertos españoles a los barcos ingleses, o que navegaran bajo contrato inglés.

Los comerciantes de esclavos en Buenos Aires se hicieron tan comunes como los de plata, y los esclavos adquiridos de barcos ingleses que llegaban a puerto eran gravados, factorizados y trasladados a mercados en el interior de la colonia y más allá. De hecho, la mayoría de los esclavos comercializados a través de Buenos Aires se vendían fuera de la colonia, y para finales del siglo XVII, los esclavos africanos conformaban alrededor del 25-30% de la población de Buenos Aires, Mendoza, Tucumán y otras ciudades más grandes.[5]

Por supuesto, los barcos ingleses transportaban mucho más que esclavos. El contrabando y los bienes manufacturados europeos se intercambiaban libremente en Buenos Aires por carne, sebo y cueros, así como plata ilícita de los Andes. De hecho, la plata adquirida de diversas regiones, la mayoría ilegal, continuó siendo la fuente más importante de ingresos por exportación a lo largo del periodo colonial. El comercio de sebo, cueros y carne también representó una porción significativa del comercio realizado en esta enérgica y bien posicionada ciudad. Las licencias se negociaban cuidadosamente, y solo personas y organizaciones selectas podían cosechar y procesar los productos ganaderos. El ganado en sí permanecía en gran parte salvaje y desatendido, por lo que la industria era bastante informal.

---

[5] Lewis, Daniel K. *The History of Argentina*. [La historia de Argentina](St Martin's Press, Nueva York, 2001) p29

Esto comenzó a cambiar hacia el inicio del siglo XVIII, cuando comenzó a dispararse la demanda extranjera de carne y productos vacunos argentinos. Los inversionistas más grandes comenzaron a tomar control del ganado en el campo, delimitaron ranchos o estancias, y contrataron gente que se encargara de sus rebaños y los protegiera. Las llamadas "estancias" se convirtieron en la base de grandes latifundios individuales, que se convirtieron en grandes ranchos y crearon una élite rural que monopolizó la que se estaba convirtiendo rápidamente en la industria de exportación más importante de Argentina. Con el tiempo, los estancieros emergerían como una aristocracia terrateniente.

El desarrollo temprano de las estancias colocó a los nuevos estancieros inmediatamente en conflicto con las tribus de las pampas. El ganado y los caballos eran semisalvajes, y a medida que se iban realizando expediciones cada vez más hacia el interior para capturarlos, los grupos indígenas se resistieron. En poco tiempo, ambos bandos estaban realizando incursiones entre sí en una serie de conflictos que tendieron a favorecer a los no nativos. Mientras todo esto sucedía, la frontera informal que por mucho tiempo había separado los centros urbanos de las tierras de los indios fue retrocediendo constantemente. La periferia de Buenos Aires creció de manera constante a medida que la Pampa quedó abierta, y así, una de las regiones agrícolas más ricas del mundo se abrió a una producción más sistemática e integral. Para hacer frente a las constantes inseguridades, las autoridades de Buenos Aires organizaron una milicia formal, los "blandengues", en 1752. La milicia lidiaría desde entonces con cualquier resistencia indígena.

Todo esto permitió que se parcelara el campo abierto de las pampas, y este periodo fue revolucionario en muchos aspectos, al sentar las bases fundamentales de la industria argentina más famosa y lucrativa, y transformando la economía y sociedad rurales. La división de la tierra no estuvo regulada, y aunque ciertamente fue en beneficio de la nueva clase de ganaderos y terratenientes, fue para gran detrimento de las comunidades nativas que aún sobrevivían en el interior. El desarrollo de la ganadería añadió impulso a la agricultura en general, y comenzó a encontrarse trigo, maíz y tabaco en los mercados de productos básicos en Buenos Aires. Esto también benefició a los asentamientos portugueses de Colonia del Sacramento y Montevideo, que todavía prosperaban en la orilla oriental del Río de la Plata como centros de comercio y manufactura. En general, por lo tanto, la apertura de la tierra, el pujante puerto de Buenos Aires y la gradual subyugación de las tribus nativas condujeron a un floreciente (aunque en gran parte no regulado) centro de comercio en ambos lados del Río de la Plata.

Hasta el siglo XVIII, la colonia de Argentina permaneció bajo el control político y económico del gobierno virreinal en Lima, la capital imperial de la región. Se impusieron importantes limitaciones sobre el trueque y el comercio en la colonia, y se ilegalizó el comercio de plata para mantener y proteger la autoridad de Lima sobre toda la actividad mercantil de la colonia argentina, bastante vagamente configurada. No obstante, ninguna supervisión externa tuvo mucho efecto, porque Lima estaba demasiado lejos para hacer cumplir sus edictos, y los gobernantes Habsburgo de España, lo estaban aún más.

Entre 1702 y 1714 se libró la "Guerra de la sucesión española", que le aseguró el trono español a la familia francesa de la Casa de Borbón. Esto provocó una serie de importantes cambios de políticas en España y sus colonias. Los primeros años del dominio borbónico en España estuvieron, naturalmente, preocupados por la consolidación de la autoridad real sobre la propia España, pero para la década de 1750, bajo el reinado de Fernando VI, los líderes españoles comenzaron a concentrar su atención en los asuntos del imperio ultramarino de España. Lo que siguió fue una serie de reformas conocidas como las Reformas borbónicas, que pretendían revitalizar la burocracia colonial en general y estimular el crecimiento económico.

Las Reformas borbónicas pueden, quizás, ser mejor descritas como "ilustradas" o "despotismo benevolente", un concepto de gobierno desarrollado en Europa en el siglo XVIII, durante la Ilustración. Los monarcas absolutos promulgaron reformas legales, sociales, administrativas y educativas, inspiradas por el surgimiento filosófico de la Ilustración, al menos hasta cierto punto. Después de todo, ninguna de ellas debía amenazar la soberanía de ningún monarca o comprometer el orden social establecido.

Los reyes borbones se esforzaron por llevar los territorios coloniales de España bajo un control central más efectivo, pero también querían expandir las industrias existentes e introducir nuevos medios de producción y actividad económica para poder incrementar los beneficios económicos de las colonias para España. En conjunto con eso, los gobernantes españoles buscaron mejorar el apoyo y protección militar para España y las colonias, así como la comunicación entre España y sus territorios de ultramar en América, África y Asia.

La primera orden del día en la región del Río de la Plata era deshacerse de los portugueses que ocupaban la orilla oriental, y establecer la Banda Oriental como un territorio español. En 1720, las fuerzas imperiales españolas, respaldadas por las milicias locales, comenzaron a lanzar ataques contra los portugueses asentados en el "lado este". Los portugueses se defendieron, y no fue hasta 1762 que la Colonia del Sacramento quedó finalmente en manos españolas. Esto les garantizaba ahora a los españoles el control del comercio a lo largo de la región del Río de la Plata. Al mismo tiempo, las defensas e instalaciones portuarias de Buenos Aires se mejoraron significativamente, y se estacionó permanentemente una robusta guarnición militar en la ciudad.

Estas fueron excelentes noticias que probaron ser de gran beneficio para la ciudad, pero el lado negativo fue que se hicieron cumplir regulaciones y se cobraron impuestos. Atrás quedaron los días del libre contrabando de plata ilícita y el comercio no regulado de esclavos. Los Borbones también actuaron para afirmar su autoridad sobre los jesuitas de mentalidad independiente que aún operaban en el interior profundo, en gran parte más allá de la autoridad colonial. Su producción de tabaco, yerba mate y otros cultivos estaba protegida de los impuestos, y la influencia que podían ejercer sobre la sociedad colonial a través de sus escuelas e instituciones se consideraba desproporcionada.

Lo que siguió fue poco menos que un asalto militar contra el estamento jesuita en Argentina.

Los jesuitas fueron despojados de su estatus privilegiado, y la autoridad sobre las misiones españolas al este del Río de la Plata fue cedida a los portugueses, quienes tampoco perdieron tiempo en lanzar incursiones militares contra los jesuitas, para quienes no tenían ningún afecto. Los jesuitas y los nativos a su cargo resistieron, por supuesto, pero fueron inevitablemente derrotados, y los nativos rebeldes fueron capturados y vendidos como esclavos. Para 1768, los jesuitas habían sido efectivamente expulsados de todos los territorios coloniales españoles.

Las reformas burocráticas comenzaron con la importación de oficiales reales leales a la Corona, conocidos como "intendentes", para supervisar las operaciones administrativas y, lo más importante, garantizar el pago correcto de los impuestos. El Virreinato del Perú se escindió, lo cual hacía tiempo que debía pasar, y Buenos Aires fue declarada capital del Virreinato del Río de la Plata. Esto representó una mejora significativa del estatus de la región del Río de la Plata, cuyo resultado fue que los designados españoles en Buenos Aires asumieron el control sobre Argentina, Paraguay, Uruguay y el Alto Perú. Esto finalmente legalizó el comercio de plata en Buenos Aires y sus alrededores. Buenos Aires se convirtió entonces muy rápidamente en un ajetreado centro comercial y portuario regional e internacional, que se ocupaba de la exportación de metales preciosos, ganado, cuero y productos cárnicos, los cuales, junto con su aumentada importancia política, hizo de la ciudad uno de los centros comerciales importantes del Nuevo Mundo.

El virreinato, sin embargo, no sobrevivió mucho tiempo, gracias al vasto interior de numerosos territorios que carecían de cohesión interna, y a una falta de apoyo verdadero de España. Para entonces, las dinámicas internas de Europa estaban cambiando, y tras la catastrófica derrota de la flota francesa en Trafalgar en 1805, el dominio naval británico no tuvo rival. Ahora, los británicos comenzaron a surgir como los "primero entre iguales" de las potencias imperiales europeas.

Los británicos hicieron varios intentos de exploración para tomar Buenos Aires, pero sus esfuerzos se vieron frustrados, y, al final, los británicos no ejercerían mucha influencia en la región. No obstante, cuando sus intentos fueron rechazados con razonable facilidad por las fuerzas locales, los resultados reforzaron la confianza y seguridad en sí mismo del pueblo de Buenos Aires, y marcaron el tono para avanzar hacia una mayor independencia.

Independencia

La era napoleónica en Europa fue una de cambios revolucionarios, y el advenedizo oficial militar francés que se convirtió en emperador de gran parte de Europa cambió el viejo *establishment*. En julio de 1807, logró imponer los Tratados de Tilsit sobre Rusia y Prusia, que pusieron fin a las hostilidades con Rusia y despojaron a Prusia de más de la mitad de sus territorios. Luego de estos tratados de paz, la única gran potencia de la Coalición todavía en guerra con Napoleón era Gran Bretaña, que aún seguía invicta en el campo de batalla y anteriormente había logrado casi destruir el poder naval francés.

Al darse cuenta de que no podía cruzar el Canal de la Mancha para invadir Inglaterra, Napoleón decidió estrangular el elemento vital de esa nación: el comercio. Poco después de la "Paz de Tilsit", publicó decretos que instituían un bloqueo o "Sistema Continental" mediante el cual se prohibían todas las importaciones británicas a la Europa continental. Sin una armada con qué hacer cumplir el bloqueo, fue un gesto mayormente simbólico, pero el reducir a los británicos al contrabando debió darle a Napoleón cierto grado de satisfacción. Si bien el bloqueo continental no fue tan efectivo como podría haber deseado Napoleón, un aspecto ampliamente olvidado es que los "Códigos Napoleónicos" que redactó y puso en práctica junto con el Sistema Continental fueron luego implementados en sociedades y naciones en todo el continente europeo, mucho después de que el propio Napoleón ya no estuviera.

Además, el Sistema Continental también proporcionó un pretexto útil para seguir conquistando la parte de Europa que aún no estaba bajo control francés. Portugal, un aliado británico de larga data, había estado burlando el bloqueo con impunidad, sobre todo porque tenía a la supuestamente neutral España como un amortiguador para protegerlo de Francia. Napoleón decidió castigar a los portugueses por su desafío, y en el otoño de 1807, marchó a través de España, cuyo gobierno le había concedido vía libre, e invadió Portugal. Los portugueses no estaban preparados para una invasión desde España, y el ejército de Napoleón, moviéndose con la velocidad del rayo que caracterizó la mayoría de sus campañas, pudo avanzar y asegurar Lisboa en cuestión de semanas. Sin embargo, sus esperanzas de capturar a la familia real portuguesa se vieron frustradas, pues lograron abordar un barco con destino a Río de Janeiro, desde donde gobernaron las colonias ultramarinas del país durante más de una década.

Napoleón podría haberse contentado con conquistar Portugal, pero su característica sed de conquista lo empujó a intentar un plan aún más osado. A principios de la primavera de 1808, los ejércitos franceses comenzaron a entrar discretamente en España, aparentemente dirigidos a reforzar las guarniciones que todavía estaban sofocando los últimos focos de resistencia en Portugal. Estos ejércitos no despertaron ninguna sospecha en particular, pues los españoles estaban seguros de la buena fe de Napoleón. Sin embargo, recibirían un amargo despertar cuando, con sus fuerzas ubicadas en posiciones estratégicas en todo el país, Napoleón procedió a tomar ciudades y guarniciones clave por toda España. Para mayo, todo el país estaba prácticamente en sus manos, con los ejércitos españoles derrotados, o dispersados y sin líderes. Parecía que Napoleón había ganado una victoria casi sin derramar sangre.

A principios de mayo de 1808, Napoleón obligó al rey español a abdicar y los tomó a él y a su hijo prisioneros. Después de eso, instaló a su hermano José Bonaparte en el trono. Napoleón creyó, equivocadamente, que la reacción relativamente pasiva a su conquista era un síntoma del deseo de España por un cambio político, así que, en lugar de reducir la nación a un estado cliente y permitirle conservar al menos algo de cara, cometió el error crucial de instituir un cambio de régimen. La reacción a la coronación de José fue instantánea e inspiradora, ya que el país entero se alzó en rebelión abierta. Era un levantamiento popular nacional, la primera guerra de guerrillas, y tomó a Napoleón casi completamente desprevenido. Había pensado que España estaba sometida, y de repente sus guarniciones estaban siendo asesinadas en sus camas por toda la península Ibérica a manos de un enemigo despiadado.

Por primera vez, Napoleón había encontrado un problema militar más allá de su comprensión. Él era el maestro de la guerra convencional, pero este conflicto asimétrico lo dejó perplejo, como ha dejado a tantos grandes generales desde entonces. Napoleón confundió los reportes alentadores de sus generales en el campo, que contaban de batallas ganadas contra fuerzas españolas superiores, con una señal de victoria, y se sintió lo suficientemente cómodo como para marcharse del país a pesar de la insurrección. De lo que no se percató fue que, si bien los ejércitos de campaña españoles ciertamente estaban siendo derrotados fácilmente, el hecho de que el país entero estuviera en insurrección contra los franceses significaba que literalmente cualquier campesino español podría ser un enemigo, y probablemente lo era. Sin la presencia de Napoleón para subirles la moral, y sin su agudeza táctica, sus tropas en España pronto meterían la pata.

En el verano de 1808, el ejército completo del general Dupont, un total de más de 24.000 hombres, se vio obligado a rendirse ante los españoles en Bailen. Privado de las tropas necesarias para mantener su frágil control sobre España, José Bonaparte entró en pánico y ordenó a su alto mando que instituyera una retirada general. Este fue un evento de proporciones realmente trascendentales: los veteranos de Napoleón, al parecer, podían ser derrotados después de todo. Las noticias de la victoria resonaron en toda Europa, y motivaron a Austria y Prusia a levantarse en armas contra Francia una vez más.

Los problemas de Napoleón se vieron agravados por sus antiguos enemigos, los británicos. Cuando España aún se estaba rebelando, un ejército británico bajo el bando de Sir Arthur Wellesley, el hombre que más adelante se convertiría en el duque de Wellington, desembarcó en Portugal y, en una exhibición de tropas deslumbrante, hasta para el propio Napoleón, procedió a liberar al país de los franceses.

José Bonaparte era, obviamente, muy impopular, y dado que no existía una alternativa clara, las diversas provincias de la península ibérica establecieron Juntas locales, que tuvieron el efecto de generar aún más confusión. No había una autoridad central reconocida en España, lo que significaba que no había tampoco una autoridad generalmente reconocida sobre su imperio de ultramar.

El *impasse* se resolvió parcialmente en septiembre de 1808, con la formación de una "Junta Suprema Central y Gubernamental de España y las Indias". Cada uno de los reinos de la Península Ibérica aportó dos representantes a esta Junta Central, mientras que los reinos de ultramar contribuyeron uno cada uno. Dichos reinos estaban definidos en ese tiempo como "los virreinatos de Nueva España, Perú, Nueva Granada y Buenos Aires, y las capitanías generales independientes de la isla de Cuba, Puerto Rico, Guatemala, Chile, Provincia de Venezuela y las Filipinas".[6]

El esquema, naturalmente, generó críticas por su representación desigual de los territorios de ultramar, pero a pesar de ello, a lo largo de 1808 y principios de 1809 se eligieron candidatos en las diversas capitales provinciales y se enviaron representantes para participar en las Cortes centrales en España. Al mismo tiempo, sin embargo, varias ciudades hispanoamericanas intentaron establecer sus propias juntas, que fueron rápidamente aplastadas por las autoridades imperiales.

Con más de 280.000 soldados en la frontera Española, 100.000 de los cuales eran sus temidos veteranos de la *Grande Armee*, Napoleón entró arrasando en España en octubre de 1808. Los ejércitos españoles, plagados por la mala organización y la indecisión, fueron incapaces de resistirle; cada fuerza que intentó hacerle frente fue aniquilada, y Napoleón ganó una serie de espectaculares victorias en Burgos y Tudela, lo que forzó a lo poco que quedaba de los ejércitos españoles a dispersarse en todo el país. Sus mejores mariscales también se desempeñaron admirablemente: en el norte, el mariscal Soult derrotó al ejército británico de Sir John Moore, lo persiguió por medio país y lo obligó a embarcarse y huir de la península ibérica. A pesar de ser retenidos por la implacable defensa organizada por el general Palafox en Zaragoza, en poco más de dos meses los franceses habían conseguido subyugar a España una vez más, dejando a su paso decenas de miles de muertos y ciudades enteras reducidas a escombros.

La Junta Suprema se disolvió en enero de 1810, gracias a los reveses sufridos por las fuerzas españolas contra los franceses, y esto desencadenó otra ronda de intentos de formación de juntas en varias capitales de la América española. Mientras tanto, la Junta Suprema se reformó como un "Consejo de Regencia de España e Indias" más pequeño, de cinco hombres, que atrajo poco o ningún apoyo de las colonias. La mayoría de los líderes hispanoamericanos no veían ningún sentido en apoyar a los restos de un gobierno que ya estaba siendo expulsado del sur de España y buscaba refugio en Cádiz, en riesgo de ser capturado por los franceses. En cambio, en anticipación a una victoria francesa en la Guerra peninsular, comenzaron a establecer juntas individuales para evitar la posibilidad de caer bajo la soberanía francesa.

En febrero de 1810, las tropas francesas marcharon sobre Sevilla y ganaron el control del reino de Andalucía, y esta noticia llegó a Buenos Aires en los barcos mercantes británicos. El virrey Baltasar Hidalgo de Cisneros, al reconocer el potencial para una revolución, intentó mantener el *statu quo* político, pero fue efectivamente reprimido por un fuerte cuerpo de abogados revolucionarios y oficiales militares criollos que organizaron un "cabildo abierto" el 22 de mayo para decidir el futuro del Virreinato del Río de la Plata.

---

[6] Real Orden de la Junta Central del 22 de enero de 1809, citado en Jaime E. Rodríguez, *Independence of Spanish America* [La independencia de la América española] (Cambridge University Press, Cambridge, 1998) p60.

Los delegados en el cabildo negaron cualquier reconocimiento del Consejo de Regencia de España e Indias, y en su lugar establecieron una junta local llamada la Primera Junta. Para mantener alguna especie de continuidad política, al virrey Cisneros se le ofreció el liderazgo de la Junta, pero esto no le sentó bien a la población, y renunció poco después. El Virreinato del Río de la Plata colapsó rápidamente, y la región fue conocida desde entonces como las "Provincias Unidas del Río de la Plata".

La nueva Junta incluía representantes de Buenos Aires y otras ciudades invitadas a contribuir. Sin embargo, había quienes apoyaban las acciones de la Junta y quienes no, y se produjo un enfrentamiento que evolucionó a las etapas iniciales de la Guerra de Independencia argentina, si bien no se hizo una declaración formal de independencia y pasaría algún tiempo antes de los primeros disparos. La Junta se aseguró de afirmar inicialmente que gobernaba en nombre del rey depuesto.

Eventos similares estaban teniendo lugar en muchas otras ciudades del continente, y la "Revolución de Mayo", como llegó a conocerse esta, es vista a menudo como uno de los primeros episodios de las guerras de independencia de las Américas. Finalmente, durante el Congreso de Tucumán celebrado el 9 de julio de 1816, se emitió una declaración formal de independencia en nombre de las Provincias Unidas del Río de la Plata.

En este periodo también se establecieron juntas exitosas en Nueva Granada, Venezuela, Chile y el Río de la Plata, mientras que en Mesoamérica se intentaron otras, menos exitosas. En última instancia, sin embargo, la región, junto con la mayor parte de Nueva España, Quito, el Alto Perú, el Caribe y las Islas Filipinas permanecieron sustancialmente bajo el control de los "realistas", como se denominaba a quienes se mantenían fieles a la Corona, y participaron durante el resto de la década en los esfuerzos de las Cortes españolas por establecer un gobierno liberal para la monarquía española.[7]

La progresión natural de todo, sin embargo, fue un mayor sentido de independencia inminente en las colonias americanas, cada una de las cuales experimentó autonomía en mayor o menor medida. Algunos reconocían la regencia española, mientras que otros no, pero todos desafiaban, en mayor o menor grado, la autoridad de los funcionarios reales que intentaban gobernar en nombre de la regencia española. Evolucionaron numerosas facciones entre los realistas y los anti-realistas, y quienes abogaban por la independencia y los que permanecían leales. A pesar de que todas las diversas juntas tuvieron cuidado de llevar a cabo todas sus acciones en nombre del depuesto rey Fernando VII, su mera existencia presentaba la oportunidad para que quienes favorecían la independencia completa pudieran expresar sus puntos de vista de forma pública y segura. Los defensores de la independencia, que adoptaron posiciones nacionalistas, se llamaban a sí mismos "patriotas", después de lo cual las líneas divisorias tendieron a discurrir entre

---

[7] Lynch, John. *The Spanish American Revolutions 1808-1826* [Las revoluciones hispanoamericanas 1808-1826]. *Segunda Edición.* (Norton & Company, Nueva York)

patriotas y realistas, y los primeros disfrutaban de una mayoría creciente.

La situación en las regiones del sur de Suramérica era confusa. Perú, el corazón tradicional del Imperio español en el Nuevo Mundo, se declaró leal al Consejo de Regencia, mientras que en el Virreinato de Nueva Granada se proclamaron juntas revolucionarias en varias ciudades provinciales. La más radical de estas era la Junta Suprema de Caracas, que quedó bajo el control de republicanos radicales como Francisco de Miranda y Simón Bolívar. En Chile, después de algunas vacilaciones, se estableció una junta revolucionaria en Santiago.

Francisco de Miranda

Aunque el Virreinato del Río de la Plata efectivamente colapsó y fue reemplazado por las "Provincias Unidas del Río de la Plata", y en su capital de Buenos Aires la Primera Junta declaró superficialmente su lealtad a Fernando VII, continuaron existiendo amargas diferencias. Mientras Buenos Aires adoptó una posición revolucionaria e independiente, otras ciudades de provincia, como Montevideo, Córdoba, La Paz y Asunción, aceptaron la autoridad de Cádiz, lo que desencadenó el conflicto que llegó a conocerse como la Guerra de la Independencia Argentina.

Estos conflictos se reflejaron en todo el espectro de los territorios de habla hispana en el continente americano, todos en respuesta al mismo estímulo político. Además, la incertidumbre e inseguridad del momento desencadenó muchos otros disturbios que involucraron a indígenas, negros y mestizos, cada uno respondiendo a las oportunidades presentadas por un vacío de gobierno legítimo.

Las dos regiones principales de conflicto militar fueron México –donde estalló una rebelión nativista en 1810 bajo el liderazgo de un sacerdote criollo de nombre Miguel Hidalgo– y la región del Río de la Plata. La Primera Junta, aparentemente realista, cayó bastante rápido bajo la influencia de un grupo de radicales jacobinos liderados por un liberal abogado, periodista y traductor del *Contrato Social* de Rousseau, llamado Mariano Moreno. La Junta abrió el Puerto de Buenos Aires al comercio internacional, y llegó incluso a proclamar la igualdad de todos los ciudadanos de las provincias, independientemente de su raza u origen. Estos principios igualitarios, sin embargo, disfrazaron la realidad de que la Junta servía a los estrechos intereses de los "porteños", la élite urbana de la ciudad y la nobleza terrateniente del campo. Se marginó a los comerciantes españoles metropolitanos, y no se incluyó a ningún forastero en el gobierno.

Mariano Moreno

Fue en gran medida debido a este tono jacobino radical, que la Junta tendió a no ganarse amigos en las provincias, y un contragolpe de los realistas en Córdoba fue tratado muy "a la Revolución Francesa", con un ataque contra la ciudad y la ejecución sumaria de sus líderes. Hubo otras provincias importantes que se negaron a aceptar la autoridad de los revolucionarios radicales en Buenos Aires, las más notables entre ellas, Paraguay, la Banda Oriental en el

Uruguay actual, y el Alto Perú (hoy Bolivia), donde se encontraban las grandes minas de plata de Potosí. Se organizaron tres expediciones para intentar arrebatarles el Alto Perú a los realistas, pero cada una fue repelida, lo que obligó a Buenos Aires a abandonar la provincia rica en plata en 1815.

De forma similar, una expedición enviada contra la provincia de Paraguay fue rechazada en 1811, y poco después se estableció una junta en Asunción que comenzó a perseguir su propia política de independencia bajo el gobierno del dictador José Gaspar Rodríguez de Francia. La Banda Oriental también se inclinaría hacia la independencia bajo el liderazgo informal del influyente ganadero José Gervasio Artigas, quien libró una campaña continua contra los realistas de Montevideo.

José Gaspar Rodríguez de Francia

Por todo ello, el control que ejercía Buenos Aires sobre las distintas provincias del Río de la Plata no estaba ni cerca de ser firme. Incluso la élite porteña se irritó por el radicalismo político revolucionario de los abogados y los jacobinos. Por consiguiente, el movimiento hacia la independencia, tan intuitivo e impopular, comenzó a flaquear, y muchos historiadores creen que fue simplemente la enorme distancia entre Buenos Aires y la metrópolis de España lo que salvó a los diversos revolucionarios liberales de la retribución real una vez que Fernando VII fue restaurado en el trono. La independencia, de una u otra forma, era probablemente inevitable para entonces, pero los revolucionarios radicales y los jacobinos ciertamente perdieron la aprobación popular.

Las fuerzas de Napoleón habían sido devastadas por su invasión de Rusia, y poco después de ser derrotado en Leipzig en octubre de 1813, abdicó al trono francés. En conjunto con eso, las fuerzas británicas comandadas por el duque de Wellington recuperaron la Península Ibérica de manos de los franceses, lo que llevó a la restauración de los Borbones y la reclamación del trono español por parte de Fernando VII. Lo primero que hizo el hijo de Carlos IV una vez que se hubo calmado el alboroto de la celebración fue intentar reestablecer su autoridad, tanto sobre España como sobre el resto del Imperio.

Regresó a España al dominio absoluto de la monarquía, reinstituyó la Inquisición y a los jesuitas, y en general revirtió muchas de las reformas borbónicas anteriores, a las que culpaba de la indisciplina política en la madre patria y en las colonias. Como lo describiera el historiador Stanley Payne: "De muchas maneras demostró ser el rey más bajo de la historia de España. Cobarde, egoísta, codicioso, receloso y vengativo, parecía casi incapaz de alguna percepción de la mancomunidad. Pensaba solo en términos de su propio poder y seguridad, y no le conmovían los enormes sacrificios del pueblo español para retener su independencia y preservar su trono".

Fernando VII

Dejando a un lado las fallas morales del rey, las posibilidades de reestablecer la autoridad real en las colonias eran buenas. El levantamiento en México había terminado, Nueva Granada había vuelto al redil, y la Primera Junta de Buenos Aires había fracasado manifiestamente en consolidar su dominio sobre las provincias del interior. Parecía no haber razón para suponer que un ejército español bien provisto y apoyado no podría navegar hacia el oeste desde Europa a someter de nuevo a las colonias. La suerte parecía no estar a favor de las fuerzas de la independencia en América Central y del Sur, y a pesar del éxito de la Revolución Estadounidense, la monarquía católica de España mantendría su control sobre el futuro político de las Indias hasta al menos la década de 1820.

Con una monarquía fuerte de nuevo en su lugar, la oposición política ya no podía interpretarse como antifrancesa, sino simplemente como traición. Edwin Williamson, un historiador de América Latina, explicó: "Al igual que en el periodo de 1808-1810, la mayoría de los criollos tuvo que elegir entre abrazar al diablo del absolutismo, que al menos conocían, o adentrarse a lo desconocido detrás de un pequeño grupo de radicales en disputa".[8]

---

[8] Williamson, Edwin. *The Penguin History of Latin America*. [La historia *Penguin* de América Latina] (Penguin Books, Londres, 1992) p221

Los líderes de la minoría radical en Buenos Aires comenzaron a buscar una solución de estilo monárquico pero que no implicara estar subyugados a España, y así nació la curiosa idea de establecer un reino a partir del antiguo Virreinato del Río de la Plata, e invitar a un descendiente del largamente depuesto emperador Inca para servir como rey.

A un nivel más intelectual, el principal ideólogo del movimiento republicano, Simón Bolívar, tuvo motivos para reflexionar que el republicanismo en América del Sur y América Central no podría funcionar según el modelo norteamericano, y mucho menos según el modelo revolucionario francés. Le parecía que la democracia electoral sin reservas no tenía futuro en sociedades mantenidas en un estado de inmadurez política por lo que él veía como la tiranía de España. En su lugar, imaginaba un compromiso entre el autoritarismo y la democracia, descrito por algunos historiadores como pragmatismo nacido de la desilusión.

Tanto Bolívar como José de San Martín, el general argentino que sería conocido como el Libertador de Argentina, reconocieron la inutilidad del enfrentamiento directo con las fuerzas realistas, y en cambio optaron por una estrategia de apoderarse de territorios vulnerables para establecer un gobierno independiente y ofrecer a las élites criollas algún destino político alternativo que no fuera continuar bajo el dominio de la monarquía católica. Para 1817, Bolívar y San Martín estaban listos para dar inicio a una campaña en sus respectivas regiones.

José de San Martín

Simón Bolívar

San Martín era un criollo nacido en Yapeyú, Corrientes, un asentamiento indígena del pueblo guaraní. Soldado celebrado y con experiencia en el ejército español mientras estuvo involucrado en la Guerra Peninsular, o guerra de la Independencia española, hizo contacto con varios partidarios de la independencia en Suramérica. Inspirado por ellos, ofreció sus servicios a las Provincias Unidas del Río de la Plata y llegó a Buenos Aires en 1812, para servir bajo el Primer Triunvirato.[9]

San Martín estableció el "Ejército de los Andes", y a su cabeza atravesó la divisoria continental en febrero de 1817, derrotó a la fuerza realista en Chacabuco y prosiguió a Santiago. Allí instaló un gobierno bajo el liderazgo de un comandante chileno de su ejército, bendecido con el improbable nombre de Bernardo O'Higgins. Dicho sea de paso, O'Higgins era hijo ilegítimo de Ambrosio O'Higgins, primer marqués de Osorno, quien había nacido en Irlanda y luego se convirtió en oficial español, gobernador de Chile y virrey de Perú.

---

[9] El "Primer Triunvirato" fue el órgano ejecutivo que reemplazó a la "Junta Grande" de las Provincias Unidas del Río de la Plata el 23 de septiembre de 1811.

Retrato de Bernardo O'Higgins sosteniendo la Constitución chilena

En febrero de 1818, bajo el liderazgo de Bernardo O'Higgins, se anunció la independencia chilena. A continuación, San Martín se preparó para avanzar sobre el Perú, apoyado por O'Higgins y numerosos voluntarios chilenos.

En 1820, un ejército reunido en España con el propósito de reconquistar los territorios rebeldes del Río de la Plata en nombre de la Corona, se amotinó abruptamente, lo que desató una rebelión militar más generalizada. El motín poco tuvo que ver con la política o alguna convicción liberal, y más con la paga y las condiciones, pero debilitó gravemente a la monarquía y comprometió profundamente a los virreyes y los comandantes militares en las Indias. En respuesta, el gobierno español ordenó a las diversas autoridades coloniales que buscaran hacer treguas como paso previo a las negociaciones para resolver la crisis en las colonias. Independientemente de en qué términos fue redactado esto, quedó claro para los habitantes de las colonias que equivalía a una capitulación de España, un reconocimiento de que la monarquía ya no tenía ninguna esperanza real de afirmar su autoridad ni en España ni en América.

Esto tuvo ramificaciones que quizás no hayan sido claras en la superficie. Muyos realistas en las diversas regiones mantenían su lealtad a la Corona simplemente por la influencia estabilizadora y unificadora de una monarquía absoluta, pero con la legitimidad real ahora tan evidentemente reducida, se dieron cuenta de que no había beneficios que España pudiera ofrecer a las colonias que sus habitantes no pudieran procurarse ellos mismos. Después de 1820, una mayoría de las élites criollas, la principal oposición a los republicanos, comenzó a alejarse de su obediente lealtad a la Corona y a aceptar la inevitabilidad de la independencia. Todavía quedaban por derrotar en batalla los ejércitos realistas, pero eso ahora parecía más una formalidad. Una victoria política y psicológica ya le pertenecía a los secesionistas.

Los eventos en España influyeron en la estrategia de San Martín en su esfuerzo por tomar Perú. Se posicionó afuera de Lima, y allí esperó que maduraran los acontecimientos, y el virrey fue debidamente depuesto en un golpe de estado en julio de 1821, lo que le ofreció a San Martín la oportunidad de entrar a Lima sin oposición. Inmediatamente declaró la independencia del Perú, pero los realistas continuaban siendo una fuerza, lo que movió a San Martín a acudir a su compañero revolucionario, Bolívar, quien en ese momento estaba en proceso de completar su propia gran hazaña a través de los confines del norte del continente y liberar a Venezuela, Nueva Granada y Quito. Se celebró una reunión secreta entre los dos en Guayaquil, en el actual Ecuador, después de la cual San Martín optó por retirarse de la campaña, y pronto se marchó a Europa. Nunca regresó a la región.

Para mediados de 1824, Bolívar estaba en movimiento, y en diciembre había llegado a Lima, momento en el que se podía afirmar razonablemente que el poder español en América se había roto sustancialmente, y las Indias estaban liberadas.

Las acciones de San Marín en Chile habían liberado efectivamente a Argentina, para entonces todavía llamada Provincias Unidas del Río de la Plata. La independencia se convirtió en un hecho en 1825, cuando fue reconocida por el gobierno del Reino Unido. El reconocimiento español no sería otorgado hasta 1863, con la firma del Tratado de Paz y Amistad que finalmente reestableció las relaciones diplomáticas entre los dos países.

En ese momento, el mapa de Argentina estaba incompleto. Incluía grandes áreas de los actuales Chile, Bolivia y Paraguay, mientras que la soberanía sobre lo que hoy sería la mitad sur del país todavía no se había establecido. La frontera entre Argentina y Chile se estableció mediante un tratado en 1881, y la frontera entre Brasil y Argentina se formalizó bajo arbitraje conducido por el presidente estadounidense Grover Cleveland, y definida por tratado en 1898.

Por supuesto, la derrota de los españoles no se tradujo automáticamente en un ambiente político estable para Argentina, o ninguno de los otros reinos y territorios que ganaron la independencia tras el colapso del dominio español. Inmediatamente estalló una disputa sobre la cuestión de la gobernanza entre quienes presionaban por un sistema unitario (en el que Buenos Aires dirigiría un estado fuerte y centralizado principalmente para el beneficio de las provincias menos desarrolladas) y los federalistas, que querían una estructura más flexible de provincias autónomas, más similar a los Estados Unidos.

En 1826 se hizo un intento de redactar una Constitución que nombraría a Bernardino Rivadavia, hijo (nacido en la colonia) de un influyente abogado español, como presidente de

Argentina, pero fue rechazada por las provincias y nunca logró despegar en realidad. A pesar de la oposición, Bernardino Rivadavia todavía es considerado como el primer presidente de Argentina.

Bernardino Rivadavia

Si bien nadie podía negar que Argentina fuera ahora independiente, tampoco podía decirse que un grupo de provincias desunidas y mutuamente antagónicas realmente conformaran una nación, y durante algún tiempo el territorio existió como una confederación informal cuyos asuntos de relaciones exteriores, de guerra y de economía eran dirigidos desde Buenos Aires por los gobernadores de la provincia. La figura dominante durante este periodo fue el federalista Juan Manuel de Rosas, una figura controvertida que es retratada por la historia como un dictador implacable o como un defensor de la soberanía nacional. Con toda probabilidad era ambas cosas, y gobernó la provincia de Buenos Aires desde 1829 hasta 1852, lidiando con múltiples intentos de secesión con la ayuda de una milicia privada.

Juan Manuel de Rosas

Al igual que muchos hombres fuertes preocupados por conservar el poder, Rosas casi no se molestó en gobernar realmente, y la reunión de una asamblea constituyente llevó a una breve guerra civil entre su ejército y el del general Justo José Urquiza, quien salió victorioso en la Batalla de Caseros. Se formó un comité constitucional, se celebraron discusiones, y en 1853 finalmente se creó una Constitución que, a excepción de un puñado de enmiendas, continúa vigente hasta el día de hoy. La Provincia de Buenos Aires, leal a Rosas, resistió a Urquiza, se separó de la Confederación Argentina y asumió por tiempo breve el nombre de Estado de Buenos Aires. No obstante, para 1861 la provincia se había reintegrado a la Confederación, y un año después, Bartolomé Mitre, un estadista, intelectual, y escritor local, se convirtió en el primer presidente de una Confederación de Argentina unificada.

Bartolomé Mitre

Los redactores de la Constitución argentina se sintieron, naturalmente, influenciados e inspirados por la redacción de la Constitución de los Estados Unidos. Si bien la Constitución argentina no creó una unión de estados separados, una división republicana de poderes reflejó en gran medida los términos de su contraparte estadounidense, con autonomía e independencia significativas para las provincias, un gobierno federal dirigido por un ejecutivo fuerte, y un congreso nacional bicameral para equilibrar la representación popular con un balance electoral entre las provincias.

Comienzos del siglo XX

Entre 1880 y 1914, la economía argentina reflejó un impresionante ingreso anual de más del 5%, lo que condujo a una situación en la que el país podía comparar sus niveles de vida y de riqueza con los de los Estados Unidos y otras economías fuertes de Occidente. Gran parte de este éxito económico se atribuyó a la exportación de carne, principalmente de bovino, y de productos agrícolas, mayormente granos, a Europa. Esto se tradujo en un sentido de bienestar que no solo sintieron las élites, sino también los residentes urbanos, quienes colectivamente sentían que la nación, bajo una democracia constitucional que garantizaba las libertades políticas, había cumplido por fin las esperanzas y aspiraciones invertidas en las guerras de independencia.

Esto, sin embargo, no hablaba por todo el país, y en muchos aspectos, las bases de la sociedad argentina permanecieron arraigadas en el siglo XVI. No obstante los grandes cambios económicos y demográficos forjados en los años posteriores a la independencia, las tradiciones fundamentales del país se mantuvieron sin cambios. Tras la conquista de las pampas, por ejemplo, y de las esperanzas de establecer una clase de pequeños agricultores independientes, como lo describieron los primeros reformadores liberales, la tierra fue simplemente reclamada y parcelada en vastas estancias. Estas haciendas eran propiedad de ganaderos particulares y cultivadores de trigo que simplemente perpetuaron los valores señoriales de la antigua nobleza hispánica.[10]

El resultado de esto fue que los inmigrantes pobres que inundaron el país hacia el final del siglo XIX, principalmente desde España, Italia y Europa del Este, no fueron capaces de ganarse la vida trabajando la tierra, así que gravitaron hacia las ciudades, creando así un proletariado urbano pobre, inquieto y políticamente alerta. Un poco más arriba en la escala estaban las clases medias bajas, inseguras y no alineadas con los poderosos señores de las Pampas, a través de cuya producción Argentina se había enriquecido. Lo que esto creó en última instancia fue la base de un conflicto latente entre los intereses de una aristocracia terrateniente y una masa de trabajadores urbanos pobres y privados de derechos.

Hacia el cambio de siglo, la oligarquía argentina, aunque superficialmente democrática, se encontró enfrentando el desafío de incorporar esta nueva y altamente politizada clase urbana en el sistema político. La Unión Cívica Radical, una facción separatista de la Unión Cívica liderada por Bartolomé Mitre, fue fundada en 1891 y presentó su demanda central del sufragio universal para los adultos. Con la ayuda de terratenientes disidentes y de la clase media urbana, se desplegaron campañas de revueltas armadas y desobediencia civil, que finalmente llevaron a la promulgación en 1912 de la Ley Sáenz Peña, que establecía el sufragio masculino universal, secreto y obligatorio.

Esto inmediatamente empoderó a las masas urbanas, y en 1916 los radicales participaron y ganaron unas elecciones generales, y llevaron al poder a un ex maestro de escuela y fundador de la Unión Cívica Radical, llamado Hipólito Yrigoyen. Sin embargo, esto significaba que la autoridad política ya no coincidía con el poder económico[11]. En términos prácticos, esto resultó en una aristocracia rural a la cabeza moral de la sociedad y que contribuía una cantidad desproporcional de riqueza, que estaba desigualmente equilibrada por una ruidosa mayoría de consumidores urbanos "que usaban el sistema democrático para extraer beneficios de una élite arraigada de monopolistas rurales[12]. En lugar de establecer un consenso nacional para reforzar las instituciones de un estado democrático liberal, lo que de hecho se creó fue un conflicto

---

[10] Williamson, Edwin. The Penguin History of Latin America. [La historia *Penguin* de América Latina] (Penguin Books, Londres, 1992) p459

[11] Williamson, Edwin. The Penguin History of Latin America. [La historia *Penguin* de América Latina] (Penguin Books, Londres, 1992) p460

[12] Ibid.

estancado entre dos grupos poderosos, pero mutuamente antagónicos, que sugerían que una guerra civil era inminente.

Hipólito Yrigoyen

Hipólito Yrigoyen nació en Buenos Aires, y se presentaba a sí mismo como un hombre del pueblo, un radical popular, y un héroe de la clase trabajadora. Al igual que la mayoría de los gobiernos del periodo previo a la Primera Guerra Mundial, Yrigoyen se encontró equilibrando el surgimiento de alas políticas comunistas y fascistas, así como los elementos progresistas y conservadores de las ciudades y el campo. Buscó el apoyo de terratenientes menores al extender generosos subsidios y créditos, y reclutó a los sindicatos de obreros al resolver disputas en su favor. Al poner su peso detrás de un programa de reforma universitaria, también ganó seguidores entre los estudiantes, junto con la élite liberal y académica.

Para cuando estalló la Guerra, Yrigoyen había, aparentemente, logrado lo imposible al forjar una coalición de intereses que abarcaba las clases media y trabajadora de Argentina. Sin embargo, al haber logrado tanto con la zanahoria, la disrupción de los mercados argentinos de cereales y carne de res resultó en un aumento de los precios y en desempleo, y de mala gana Yrigoyen se vio obligado a utilizar el palo.

El movimiento sindical argentino estaba liderado en gran parte por anarquistas y sindicalistas militantes que eran, en su mayoría, inmigrantes recientes de Italia y España. Allí, la acción directa y la revolucionaria huelga general eran vistas como la herramienta más efectiva para derrocar al estado burgués. Una serie de acciones y paros culminaron en una huelga general convocada en enero de 1919. En una semana de sangrienta represión, conocida como la "tragedia de 1919", o la "Semana Trágica", el gobierno, apoyado por militantes de la derechista Liga Patriótica Argentina, rompió la huelga y destrozó al liderazgo anarquista-sindicalista.[13]

Por el momento, el gobierno sobrevivió, y luego de esa lucha, los sindicatos tendieron a quedar bajo el control de los socialistas y comunistas menos conflictivos. Sin embargo, se estableció una tradición de militancia obrera que continuaría siendo un rasgo recurrente de las luchas políticas futuras.

Por su parte, Yrigoyen intentó, tras el combate, reconstruir su coalición de las clases media y trabajadora volviendo a la estrategia del gasto público, una expansión de la burocracia, y otras movidas populistas para retener la lealtad de su base electoral urbana. Sin embargo, el aumento del nivel de vida después de la Primera Guerra Mundial se produjo a costa de una inflación en fuerte aumento, y en una elección general en 1922, aunque los radicales conservaron el poder, a Yrigoyen no se le ofreció un segundo mandato. Cedió ante un patricio terrateniente de derecha llamado Marcelo Alvear, quien hizo campaña sobre una plataforma de disciplina fiscal.

---

[13] La "Liga Patriótica Argentina" se formó durante el periodo de la Semana Trágica, y es descrita como un grupo paramilitar "nacionalista" liderado por Manuel Carlés, un profesor del Colegio Militar. El carácter del grupo era de derecho y militante, aunque estaba integrado principalmente por jóvenes de las clases media y media alta de Buenos Aires. La Liga apuntó a los barrios de trabajadores, incluidos los barrios judíos de Buenos Aires. Se recibió entrenamiento militar de miembros de las Fuerzas Armadas argentinas, y la organización fue subvencionada por miembros clave de la oligarquía y apoyada por la Iglesia. Algunos de sus miembros también eran miembros del Partido Radical.

Marcelo Alvear

Bajo Alvear se impusieron aranceles de importación y se redujo drásticamente el gasto público, pero el problema era quizás más ideológico que práctico. Los radicales estaban, en términos prácticos, comprometidos con la transferencia de riqueza a las clases urbanas mientras intentaban mantener la viabilidad y competitividad de una economía agraria basada en la exportación. Este resultaría ser un tema común de la política argentina en el futuro, que a veces sumergió a la nación en un espiral de colapso político y económico.

En términos reales, los radicales eran un partido de la clase media, y en 1924, Yrigoyen se separó de ellos y se llevó consigo la mayor parte de la clase media, lo que dejaba el ala patricia bajo el liderazgo de Alvear. Haciendo campaña con la promesa de un regreso de los días de libre gasto y creación de empleo de su primer mandato, Yrigoyen ganó la elección de 1928 y se puso manos a la obra. Sin embargo, como siempre ocurre con un péndulo, el retroceso resultó en una inflación renovada y un enorme déficit presupuestario.

Luego vino la crisis financiera de 1929, agravada por una sequía. La economía de exportación agrícola argentina se tambaleó, el desempleo se disparó, y ninguna cantidad de gasto público pudo subsanar las brechas. Una vez más, el declarado populista se vio confrontado por un proletariado rebelde, esta vez apoyado por estudiantes universitarios nacionalistas y los "camisas negras" de la Liga Patriótica.

Esta vez, los radicales estuvieron perdidos. La noción de que el poder económico de la élite estanciera y la difícil situación de las clases obreras urbanas pudieran de alguna manera unirse por el poder del voto de la clase media que oscilaba constantemente entre ambos, resultó imposible. Durante los buenos tiempos, las clases medias se aliaron con la clase trabajadora en una bonanza de gasto público, alienando al estanciero, pero cuando el péndulo regresó en su vaivén, se precipitaron a los brazos de los estancieros y aceptaron la austeridad y la disciplina fiscal como la única solución. En otras palabras, ni la revolución ni el statu quo tenían ninguna esperanza. Simplemente representaban una continuación de los espasmos intermitentes de un sistema de otra manera paralizado.

En septiembre de 1930, Yrigoyen fue derrocado en un golpe de estado militar apoyado por los intereses conservadores estancieros, en lo que fue el primer episodio de este tipo en el siglo. Esto marcó un momento siniestro en la política argentina: el instante en que los militares comenzaron a actuar como una fuerza independiente en la política. Predominantemente de clase media, el estamento militar era conservador, pro-*establishment*, y en ese momento estaba interesado en el progreso ordenado de la nación hacia su destino como una gran potencia. Sin embargo, los rangos militares y el alto mando nunca tuvieron realmente un sentido claro de lo que era ese destino, por lo que el resultado neto tendió a ser periodos de indecisión bajo el dominio de las fuerzas armadas. En cualquier momento, los gobernantes militares podrían estar aliados con las clases media y trabajadora, y al siguiente podrían estar trabajando con los arraigados intereses de los estancieros, que todavía eran de actitud profundamente conservadora.

En ese momento, los principales representantes e imagen de gobiernos "revivistas" en Europa, eran Benito Mussolini en Italia, Primo de Rivera en España y Antonio Salazar en Portugal. Eran tenidos por patricios del Estado corporativo, y esto inicialmente fue lo más atractivo para las facciones nacionalistas dentro de la institución militar. Quizás, si se hubiera implementado bien, un Estado corporativo podría haber sido la solución, pero un ala más liberal de la junta militar imaginaba un regreso a los días utópicos antes de las reformas de 1912. Por consiguiente, durante cerca de una década después de 1932, Argentina fue gobernada por una coalición compuesta de conservadores y radicales opuestos a Yrigoyen, en un gobierno conocido como la Concordancia. La personalidad fuerte y vinculante necesaria para crear el estilo de gobierno autoritario y corporativista de Mussolini simplemente no existía. Tal forma de gobierno tendría que esperar.

En noviembre de 1931 se celebraron elecciones generales en Argentina, que en gran medida se consideraron amañadas, pero que no obstante llevaron al poder al general Agustín Pedro Justo como el líder del gobierno de Concordancia. Su ascenso al poder combinó a los conservadores del Partido Demócrata Nacional, los socialistas independientes y los radicales de la Unión Cívica Nacional Antipersonalista[14], y la prioridad del gobierno durante esta década crucial fue balancear el presupuesto, reparar parte del daño económico hecho durante los años de libre gasto de Yrigoyen, y revertir un enorme déficit comercial.

También hubo un impulso, necesario hacía mucho tiempo, de modernizar la economía mediante la introducción de reformas tributarias y la creación de un banco central. En 1932, Gran Bretaña introdujo un sistema de preferencia imperial en el que los productos agrícolas, en particular la carne de res, se obtenían de territorios imperiales británicos de ultramar, como Australia o Sudáfrica. Fue toda una hazaña de negociación que el gobierno argentino lograra sujetar a los británicos a un acuerdo que mantenía el comercio bilateral en sus niveles de 1932, al conceder una reducción de los aranceles a las importaciones británicas y hacer una serie de concesiones a compañías británicas que operaban en Argentina.

Otras políticas, como la estimulación de la producción nacional, la atracción de inversiones extranjeras y el estímulo de la industria fueron todas recetas ortodoxas y liberales tomadas del libro de jugadas de un gobierno cauteloso. Las mejoras en la economía de exportación alentaron la demanda, lo que a su vez promovió el bienestar económico, y a pesar de los estragos de la Gran Depresión, Argentina se encontró, felizmente, en una posición próspera. Todas las partes involucradas en la coalición aprobaron los aspectos esenciales de la política económica, y mientras otras partes de América Latina fueron golpeadas por la incierta situación económica de la década de 1930, Argentina se mantuvo firme.

Puede que al país le estuviera yendo bien, pero nada de esto alteró la dinámica esencial de la política y economía argentinas, y el gobierno realmente solo pudo retener el poder en el tradicional reflujo y flujo del dominio urbano y rural recurriendo al fraude electoral. Sin legitimidad política, el éxito económico en sí mismo no ofrecía estabilidad. La Concordancia no era un movimiento de las clases urbanas, sino de las élites rurales conservadoras, por lo que en las ciudades, la gente que estaba cosechando las recompensas del éxito del país todavía se oponía a los intereses de los terratenientes estancieros y las élites de la exportación agrícola. Ellos siguieron siendo los dueños de la mayor parte de la riqueza y de los medios para producirla, pero al mismo tiempo, carecían de los números para dominar legítimamente el gobierno. El resultado de esto, a medida que avanzaba la década de 1930, fue el surgimiento de un movimiento nacionalista entre las clases media y obrera urbanas.

Hasta esa década, el nacionalismo siempre había tendido a ser un fenómeno de la derecha o de inmigrantes anarquistas y bolcheviques. Ahora, sin embargo, el énfasis cambió al terreno medio, e irónicamente, uno de los problemas que impulsaba al nacionalismo argentino era la excesiva presencia británica en los asuntos argentinos, avivada recientemente por el acuerdo comercial preferencial. Además, y quizás más importante, el que los británicos se apoderaran en 1833 de las Islas Malvinas (o Islas Falkland, como ellos las llamaron) seguía siendo un punto delicado.

---

[14] La "Unión Cívica Radical Personalista", cuyos miembros también eran conocidos como "yrigoyenistas", era una facción del Partido Unión Cívica Radical leal al líder radical y expresidente Hipólito Yrigoyen. Los "antipersonalistas" eran un grupo que se oponía a esto.

Esta oleada de nacionalismo cultural fue muy diferente al nacionalismo político más visceral que le precedió, y reunió un número considerable de seguidores entre los intelectuales liberales y la clase media de Buenos Aires. El movimiento cobró más impulso con el estallido de la Segunda Guerra Mundial y el congelamiento de los mercados europeos, junto con el énfasis británico en la preferencia imperial como medio de ahorrar divisas. Comenzaron a escucharse llamados a la nacionalización de las industrias, a que los bienes que ya no se importaban fueran fabricados en el país, y a un mayor grado de proteccionismo y autosuficiencia. Al mismo tiempo, la neutralidad de Argentina durante la guerra fue castigada por los Estados Unidos, que excluyeron a la nación sureña del programa de armamento para varios países de Latinoamérica. Esto fue un golpe que llenó de nerviosismo a las fuerzas armadas argentinas, por si se quedaban atrás en materia de preparación militar.

Todo esto sirvió para debilitar y socavar la autoridad política y la legitimidad de la Concordancia, a pesar del éxito de la coalición conservadora para mantener a flote la economía de la nación durante la Gran Depresión. El 4 de junio de 1943, una camarilla militar radical, el Grupo de Oficiales Unidos, intervino directamente por segunda vez y depuso al presidente conservador, Ramón Castillo, aun cuando ellos mismos no estaban seguros de cómo precisamente se lograría la regeneración nacional. Había algunos en la Junta que presionaban por un regreso a los días utópicos anteriores a las reformas de 1912, que le habían dado lugar a los radicales y trastocaron tan desastrosamente el viejo orden político. El Estado autoritario y corporativo bajo una dictadura al estilo de Salazar también atrajo interés considerable del Grupo de Oficiales Unidos.

La noción de un gobierno corporativo fuerte que pudiera subsumir las múltiples facciones y mantener la disciplina política y económica comenzó a ganar tracción. Uno de los principales defensores de ella era un joven y carismático coronel del ejército llamado Juan Domingo Perón, quien había sido nombrado Ministro del Trabajo por el gobierno militar que había derrocado al presidente Ramón Castillo en 1943. Todavía no era una figura ampliamente conocida, pero había usado su posición para entablar relaciones cercanas con los líderes sindicales y había desarrollado programas de bienestar social que le habían ganado la admiración y lealtad de muchos argentinos pobres.

Juan Perón

Perón fue elevado al cargo de vicepresidente en el gobierno militar, un claro indicador de que su fama y popularidad estaban en ascenso, pero el uso de los medios de comunicación para solidificar el apoyo popular al gobierno fue un elemento crucial de la supervivencia política de Perón durante este periodo. Los oficiales militares de mayor edad involucrados en el gobierno estaban comenzando a ser cautelosos con este advenedizo más joven, así como con la base de poder que estaba construyendo a través de relaciones de patrocinio con los sindicatos.

El estatus de Perón era inferior en la jerarquía militar, pero se había ganado la ferviente lealtad de muchos de los oficiales jóvenes, y ahora amortiguaba su posición con nuevas bases de apoyo. Entre los miembros de ese gobierno, que había llegado al poder por la fuerza, solo Perón era percibido con cierta legitimidad mediante el apoyo popular, y aquellos que se sentían incómodos con su meteórico ascenso al poder sabían que se arriesgarían a provocar una revuelta popular si intentaban deponerlo. Poco tiempo antes, había conocido a María Eva Duarte, y así como ella se convertiría en la compañera constante de Perón, también sería otra jugadora en la agitación que lo rodeaba.

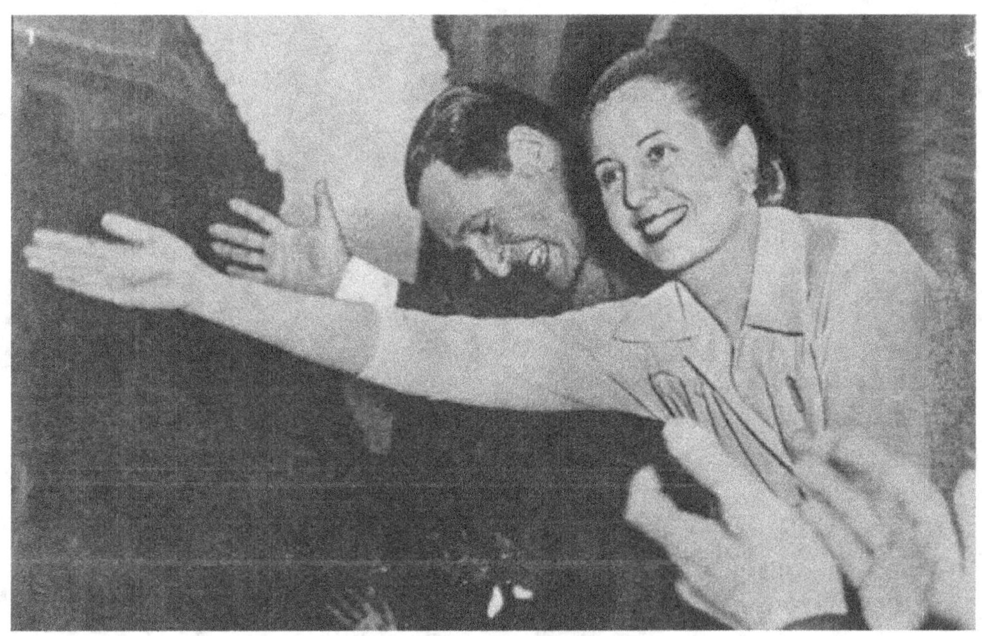

Perón y Evita

Luego de que las tensiones aumentaran durante más de un año, las cosas se desarrollaron precisamente como temían los opositores de Perón. Para el final de 1945, su popularidad se había disparado, y parecía inevitable que tomara el control del gobierno militar si se le permitía seguir en el poder. Sus enemigos organizaron un golpe en su contra, lo arrestaron el 9 de octubre y lo despojaron de sus ministerios y títulos, para después sacarlo de Buenos Aires y encarcelarlo en una pequeña isla controlada por los militares. Sin embargo, cuando se difundió la noticia de estos hechos, su incansable trabajo con los sindicatos rindió sus frutos, ya que éstos y otras organizaciones aliadas organizaron una concentración masiva frente al Palacio Presidencial para exigir la liberación de Perón.

La manifestación atrajo a cientos de miles de simpatizantes, lo que hizo que los gobernantes militares se dieran cuenta de que estaban en riesgo de una revolución a gran escala. Los manifestantes se negaban a dispersarse hasta que Perón apareciera libre ante ellos, y sus captores finalmente cedieron, al percatarse de cuánto más hábilmente había jugado sus cartas su némesis. Tarde en la noche del 17 de octubre, Perón apareció en el balcón de la Casa Rosada, anunciando entre vítores a sus seguidores que pronto se celebrarían elecciones.

Manifestantes exigiendo la liberación de Perón el 17 de octubre de 1945

Las elecciones se pautaron para febrero de 1946, y Perón hizo campaña incansablemente como el candidato del Partido Laborista, avivando el resentimiento de las clases trabajadoras pobres (los llamados "descamisados") contra la clase gobernante tradicional del país. Pero Perón también ganó buen apoyo entre los argentinos de clase media que estaban cansados del caos y la incompetencia de los gobiernos anteriores, e inspirados por el orgullo y fervor nacionalistas de Perón. Él prometió hacer al país más independiente económicamente, fomentar el crecimiento de la industria local y fortalecer las protecciones sociales en salud, educación y pensiones. Si bien había visitado y se había inspirado en el estado corporativista dc Mussolini, Pcrón también hizo grandes esfuerzos por atraer al ala izquierda de la clase trabajadora, dentro de la cual no había logrado afianzarse un fuerte movimiento comunista.

Por su parte, Eva usó su presencia en la radio para pregonar los logros y las promesas de su esposo, a un país muy receptivo a su estilo dramático y frecuentes alusiones a sus propios orígenes humildes y difíciles. También acompañó a Perón a los eventos de campaña y comenzó a establecerse en sí misma como una formidable fuerza política en el podio. A fin de cuentas, fue por sus discursos más que por sus transmisiones de radio por lo que más se la recordaría, y fue durante la campaña que comenzó a llamársele (fomentado por ella misma) por el diminutivo de "Evita", un término de afecto popular que acompañaría su estatus como figura pública maternal y protectora.

Juan Perón ganó las elecciones de febrero con el 56% de los votos, una victoria imponente que le dio mano libre para perseguir sus políticas, que buscaban un impulso nacionalista para la autonomía y el poder económico, así como la creación de un estado benefactor expansivo. Finalmente parecía que Argentina tenía un hombre fuerte que podría mantenerse en el poder, pero de cualquier manera, ahora estaba claro que no habría vuelta atrás.

Recursos en línea

Otros títulos sobre Argentina en Amazon

Lecturas recomendadas

Adelman, J. (1992). "Socialism and Democracy in Argentina in the Age of the Second International" [Socialismo y democracia en Argentina en la era de la Segunda Internacional]. The Hispanic American Historical Review. 72 (2): 211–238. doi:10.2307/2515555. JSTOR 2515555.

Andrews, George Reid. The Afro-Argentines of Buenos Aires, 1800-1900 [Los afroargentinos de Buenos Aires, 1800-1900]. Madison: University of Wisconsin Press 1980.

Bergquist, Charles W. Labor in Latin America: Comparative Essays on Chile, Argentina, Venezuela, and Colombia [El trabajo en Latinoamérica: Ensayos comparativos sobre Chile, Argentina, Venezuela y Colombia]. Stanford: Stanford University Press 1986.

Boyd, Kelly, ed. Encyclopedia of Historians and Historical Writers [Enciclopedia de historiadores y escritores históricos] (Rutledge, 1999) 1:44-50, historiography

Braudel, Fernand, 1984. The Perspective of the World, vol. III of Civilization and Capitalism [La perspectiva del Mundo, vol. III de "Civilización y capitalismo"] (1979)

Brown, Jonathan C. A Brief History of Argentina [Breve historia de Argentina] (2011)

Brown, Jonathan C. A Socioeconomic History of Argentina, 1776-1869 [Historia socioeconómica de Argentina, 1776-1869]. Nueva York: Cambridge University Press 1979.

Burgin, Miron. The Economic Aspects of Argentine Federalism, 1820-1852 [Los aspectos económicos del federalism argentine, 1820-1852]. 1946.

Carassai, Sebastián. The Argentine Silent Majority: Middle Classes, Politics, Violence, and Memory in the Seventies [La Mayoría Silenciosa argentina: clase media, política, violencia y memoria en los Setentas]. Durham: Duke University Press 2014.

Cushner, Nicholas P. Jesuit Ranches and the Agrarian Development of Colonial Argentina, 1650-1767 [Estancias jesuíticas y el desarrollo agrario de la Argentina colonial, 1650-1767]. 1983.

Della Paolera, Gerardo, y Alan M. Taylor, eds. A new economic history of Argentina [Una nueva historia económica de Argentina] (Cambridge University Press, 2003; with cd-rom)

Di Tella, Guido. The political economy of Argentina, 1946-83 [La economía política de Argentina, 1946.83] (U of Pittsburgh Press, 1989)

Ferns, Henry S. Britain and Argentina in the Nineteenth Century [Gran Bretaña y Argentina en el siglo XIX]. 1960.

Goebel, Michael. Argentina's Partisan Past [El pasado partidista de Argentina] (2011): on Press Scholarship Online

Halperín Donghi, Tulio. Politics, economics and society in Argentina in the revolutionary period [Política, economía y sociedad en Argentina en el período revolucionario]. Cambridge [Ing.]; Nueva York : Cambridge University Press, [1975]

Halperin Donghi, Tulio, et al., eds. Sarmiento, author of a nation [Sarmiento, autor de una nación]. Berkeley : University of California Press, c1994.

Harvey, Robert. Liberators: Latin America's Struggle For Independence, 1810-1830 [Libertadores: la lucha latinoamericana por la independencia]. John Murray, Londres (2000). ISBN 0-7195-5566-3

Hedges, Jill. Argentina: A Modern History [Historia moderna](2011) extracto y búsqueda de texto.

Lewis, Daniel K. The History of Argentina [La historia de Argentina](2003) extracto y búsqueda de texto.

Lynch, John. Spanish Colonial Administration, 1782-1810: The Intendant System in the Viceroyalty of the River Plate [Administración Colonial Española, 1782-1810: el Sistema de Intendencia en el Virreinato del Río de la Plata]. 1958.

Lynch, John. Argentine Dictator: Juan Manuel de Rosas, 1829-1852 [Juan Manuel de Rosas: dictador argentino, 1829-1852]. 1981.

Mendé, Raúl. (1952). Justicialism: The Peronist Doctrine and Reality [Justicialismo: la doctrina y la realidad peronista]. Buenos Aires: La Imprenta Lopez.

Montoneros. (2020). Wikipedia. https://es.wikipedia.org/wiki/Montoneros.

Moya, José C. Cousins and Strangers: Spanish Immigrants in Buenos Aires, 1850-1930 [Primos y extraños: inmigrantes españoles en Buenos Aires, 1850-1930]. Berkeley y Los Ángeles: University of California Press 1998.

Nouzeilles, Gabriela, y Graciela Montaldo, eds. The Argentina Reader: History, Culture, Politics (Latin America in Translation) [El lector argentino: historia, cultura, política (América Latina en la traducción)] (2002)

Paolera, Gerardo Della, y Alan M. Taylor. A New Economic History of Argentina [Nueva historia económica de Argentina] (Cambridge University Press, 2003)

Pineda, Yovanna. Industrial Development in a Frontier Economy: The Industrialization of Argentina, 1890–1930 [Desarrollo industrial en una economía de frontera: la industrialización de Argentina, 1890-1930] (Stanford University Press, 2009)

Platt, Desmond, Christopher Martin, y Guido Di Tella. Argentina, Australia, and Canada: studies in comparative development, 1870-1965 [Argentina, Australia y Canadá: estudios de desarrollo comparado, 1870-1965] (Macmillan, 1985)

Potash, Robert A. The Army and Politics in Argentina, 1828-1945 [El Ejército y la política en Argentina, 1828-1945]. Stanford: Stanford University Press 1969.

Rock, David. Argentina, 1516-1987: From Spanish Colonization to Alfonsín [Argentina, 1516-1987: de la colonización española a Alfonsín] (1987)

Rock, David. Politics in Argentina, 1890-1930: The Rise and Fall of Radicalism [Política en Argentina, 1890-1930: ascenso y caída del radicalismo]. Nueva York: Cambridge University Press 1975.

Romero, Luis Alberto. A History of Argentina in the Twentieth Century [Historia de Argentina en el siglo XX] (2002) extracto y búsqueda de texto

Sabato, Hilda. Agrarian Capitalism and the World Market: Buenos Aires in the Pastoral State, 1840-1890 [Capitalismo agrario y mercado mundial: Buenos Aires en el estado pastoral, 1840-1890]. Albuquerque: University of New Mexico Press 1990.

Sanchez-Alonso, Blanca. "Making sense of immigration policy: Argentina, 1870-1930." [Buscándole sentido a la política migratoria: Argentina, 1870-1930] Economic History Review (2013) 66#2 601-627.

Sarmiento, Domingo F. Life in the Argentine Republic in the Days of the Tyrants, or, Civilization and Barbarism [La vida en la República Argentina en la época de los tiranos, o Civilización y barbarie]. 1868.

Schmidli, William Michael, The fate of freedom elsewhere: human rights and U.S. Cold War policy toward Argentina [El destino de la libertad en otros lugares: derechos humanos y política de la Guerra Fría de Estados Unidos hacia Argentina]. Ithaca: Cornell University Press, 2013.

Scobie, James R. Buenos Aires: Plaza to Suburb, 1870-1910 [Buenos Aires: plaza a suburbio, 1870-1910]. Nueva York: Oxford University Press 1974.

Scobie, James R. Revolution on the Pampas: A Social History of Argentine Wheat [Revolución en las Pampas: una historia social del trigo argentine]. Austin: University of Texas Press 1964.

Shumway, Nicolas. The Invention of Argentina [La invención de Argentina]. 1992.

Slatta, Richard W. Gauchos and the Vanishing Frontier [Los gauchos y el ocaso de la frontera]. 1983.

Smith, Peter H. Politics and beef in Argentina. Patterns of conflict and change [Política y carne vacuna en Argentina. Patrones de conflicto y cambio]. (1969).

Szuchman, Mark D. Order, Family, and Community in Buenos Aires, 1810-1860 [Orden, familia y comunidad en Buenos Aires, 1810-1860]. 1987.

Williamson, Edwin. (1992). The Penguin History of Latin America [La historia *Penguin* de América Latina]. Londres: Penguin Books.

Libros gratuitos por Charles River Editors

Tenemos nuevos títulos disponibles gratuitamente durante casi toda la semana. Para ver cuáles de nuestros títulos se encuentran gratuitos actualmente, haga clic en este enlace.

Libros en descuento por Charles River Editors

Tenemos títulos con un precio reducido de tan solo 99 centavos cada día. Para ver cuáles de nuestros títulos cuestan 99 centavos actualmente, haga clic en este enlace.